大学生、限界集落へ行く

「情報システム」による南魚沼市辻又活性化プロジェクト

Tsujimata Project
Morimoto Seminar
Senshu University

専修大学出版局

Tsujimata & Morimoto Seminar

チームコシヒカリ

2014年度メンバー（10名）
〔修士2年生〕
鈴木祥平
李　牧

〔4年生〕
青木宏太郎
遠藤翔太

〔3年生〕
井上智晶
大嶋杏奈
寺嶋聖佳
野谷あやめ
福井瑞来
丸山貴史

2015年度メンバー（9名）
〔4年生〕
井上智晶
大嶋杏奈
寺嶋聖佳
野谷あやめ
福井瑞来
丸山貴史

〔3年生〕
小平美希
小林祐雅
森保未果

「Tsujimata & Morimoto Seminar」の文字をプリントしたシャツには、「辻又の人たちとともに考える」という意味と共に、辻又の人たちにもメンバーとして加わってもらいたいという意図があります。

稲穂の美しさ

　はじめて多目的センターに行ったときのことです。二階の部屋に荷物を置きに入った瞬間、目に入ってきたものは、風に揺られる緑の稲穂でした。まるで時が止まったかのように、ずっと飽きずに、窓からその景色を眺めていました。遠くまで広がって見える稲穂は、一面太陽のあたたかな光に照らされて、まるで緑の絨毯のように柔らかそうで、私の心をふかふかと包み込んでくれるような感覚がありました。
　そのあと近くに寄って見た稲穂も、この一本一本があの素晴らしい絨毯になるのかと思うと、本当に感慨深くなりました。全体が広大な芝生のように思えてきて、今すぐにでもこの中に飛び込みたいという衝動に駆られました。まさに絵画にでも描いたような景色に出会えました。

辻又発祥の地といわれるあみだ屋敷跡

活動の拠点になった辻又多目的センター

フィールドワーク──川を渡る

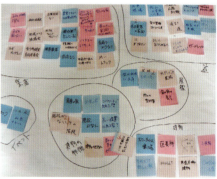
付箋に書き出した情報をグルーピングする

夜のミーティング（ＫＪ法による情報整理など）

日から13日までの7日間、フィールドワークによって現地調査を行うことにしました。

　フィールドワークという研究方法については本文で後述しますが、調査後に報告書としてエスノグラフィ（民族誌）を執筆することまでが一連の作業に含まれています。エスノグラフィは、科学レポートとエッセイの両方の側面を持ち、その土地を歴史、経済、文化など、あらゆる面から描き出すモノグラフです。このエスノグラフィを書くことが、集落活性化を引き受けた私たちの使命だと思ったのです。そのような折に、専修大学の出版企画委員会が学生自身による企画・執筆の本の刊行助成を行っていることを知り、応募して採択され、今回の出版に至りました。2014年8月に現地に滞在したのは、大学院生を含めたゼミ生の中から選抜した11名（「チームコシヒカリ」と命名）で、出版の企画は当時の3年生6名（井上、大嶋、寺嶋、野谷、福井、丸山）が中心に進めてきました。

　2014年8月以降もさらに調査を重ね、集落の人たちと議論して、最終的にいくつかの活性化策を確定しました。新潟県から受けた事業自体は単年度のもので、2014年度末に調査結果と活性化策を報告書にまとめて提出し、契約が満了していますが、そこで終わりにするわけにはいきませんでした。私たちはその後も自主的に活動を続け、2015年度はあらたに新3年生3名（小平、小林、森保）が加わり、実際に提案した活性化策を実行に移してきました。現在も年に何回か定期的に現地を訪れ、活動を継続しています。

　本書では、辻又集落に出会ってから現在まで、森本ゼミの学生たちがどのような調査や活動を行ってきたのか、そしてそこからわかってきたことなどについて述べています。「カネ」も「コネ」もない大学生が、いかにして「活性化」を目指しているのか。これまでの活動によって、集落と大学生にどんな変化が訪れたのか。本書を通して、辻又や限界集落問題を広く知ってもらうとともに、どんな些細なアクションでも「地域」を変える可能性を秘めていることを理解してもらえるよう期待しています。

　本書は、私も含めた上記10名のメンバーがそれぞれ執筆した文章を適宜

まえがき

「地域活性化」や「地域振興」といった取り組みが全国各地で行われ、政府も「地方創生」という言葉を用いるようになりました。呼び方はさまざまですが、これら一連の活動の目的は、日本の各地域で起こっている諸問題を自治体および地域住民がどう受け止め、どのように解決していくかを模索していくことにほかなりません。

国立社会保障・人口問題研究所の統計によると、データの存在する1872（明治5）年から増加を続けていた日本の人口は2010（平成22）年以降減少に転じ、2060年には推計8,700万人と、現在より4,000万人も減少するとされ、この50年で人口が約3分の2になってしまうということになります。このような人口減少が人口の偏りを生み、さまざまな問題につながります。

その問題のひとつに、「限界集落」があります。私たちがこの限界集落の問題に向き合うことになったのは、新潟県が公募していた「平成26年度大学生の力を活かした集落活性化事業」に採択されたことがきっかけでした。限界集落とは、「主に中山間地域や離島などの過疎地において、人口の半数以上を65歳以上の高齢者が占め、共同体としての機能の維持が難しくなった集落」を指します。これまで限界集落という言葉を知らなかった方も多いかもしれませんが、2015（平成27）年には限界集落を扱ったテレビドラマが2本も放送されるなど、世間の関心を集めています。

そして、限界集落も含めた地域に存在する問題の解決に、大学生の若い力を求める自治体や地域が増えてきています。私たちの応募案が採択された新潟県の事業もそのひとつです。この事業の目的は、外からの力として、大学生の若い発想力や行動力を活かして集落活性化策のヒントを探るほか、住民と交流して互いに刺激し合うことで地域の活力向上を図ることです。

そこで私たちは活性化策の考察に向け、まずは2014（平成26）年8月7日

背丈をはるかに超える残雪

雪まつりで夜陰に映える灯篭

大きな雪洞

大量に収穫された自生のミョウガ

試行錯誤を重ねたライスミルクの試作

マルシェでのおにぎり販売

集落の人たちとの交流会(多目的センターにて)

辻又神社

ゲートボールの交流

滞在を終えて、多目的センター前で

映える全山紅葉

組み合わせて編集・構成されています。また本書で取り上げた活動は現在も継続中であり、学生が中心となって執筆しているため、つたない文章や失礼な表現、不勉強な点、不十分な考察も多々あるかと思いますが、地域活性化に興味のある学生の方々、限界集落の問題に悩まれている自治体や住民の方々にとって、少しでもお役に立てれば幸いです。

2016年4月

専修大学経営学部准教授　森本 祥一

大学生、限界集落へ行く
「情報システム」による南魚沼市辻又活性化プロジェクト

| CONTENTS

まえがき

森本ゼミナール辻又活性化プロジェクト活動履歴　8

Chapter 1　「辻又」との出会い ………… 11

森本祥一ゼミナール　13

新潟県南魚沼市辻又集落　14

限界集落とは　16

活性化とは　17

「情報システム」とは　18

事前調査　20

Chapter 2　辻又で「限界集落」を体験する ………… 23

1日目　8月7日（木）現地へ到着　25
　　　　　　　　　　スマホが使えない!!　26

2日目　8月8日（金）集落のフィールドワーク　28
　　　　　　　　　　辻又の自然　30
　　　　　　　　　　旧辻又小学校　33
　　　　　　　　　　ブレーンストーミングで理解を深める　33

住人へのインタビュー〈1〉辻又集落の子供たち　36

3日目　8月9日（土）全戸訪問　38
　　　　　　　　　　人口と世帯数の変化　41
　　　　　　　　　　U・Iターンで人口減少を防ぐ　42
　　　　　　　　　　白熱ゲートボール　43
　　　　　　　　　　住民との交流会　45

住人へのインタビュー〈2〉水落義太郎さん　47

4日目　8月10日（日）辻又のおコメが美味しい理由　52
　　　　　　　　　　辻又米ブランド化の可能性　54

　　　　住人へのインタビュー〈3〉佐藤眞一さん　55

5日目　8月11日（月）隣接する後山集落　58
　　　　　　　　　　　消えていく催事　59
　　　　　　　　　　　辻又の墓地　59

　　　　住人へのインタビュー〈4〉佐藤重夫さん　62

6日目　8月12日（火）写真や動画で集落の魅力を　64
　　　　　　　　　　　辻又で見た虫　64
　　　　　　　　　　　辻又の歴史　66
　　　　　　　　　　　生計を立てる　～明治から昭和初期の暮らし　68
　　　　　　　　　　　自然とのたたかい　69
　　　　　　　　　　　「辻又の歴史」年表　71

　　　　住人へのインタビュー〈5〉水落ヨキノさん　73

7日目　8月13日（水）別れの日、人の温かさ　76
　　　　　　　　　　　辻又の青空　77

　　KJ法から辻又を考える　79

Chapter 3　「活性化」を考察する　………… 89

　現地滞在を終えて ――「辻又」の名前を発信するために　91
　新潟県庁での中間報告会　92
　事例から考える
　　～①「辻又米」の自主流通の可能性　94
　　～②「地図」を中心とした情報発信の取り組み　95
　　～③　空き家問題の解消　97
　　～④「デマンド型交通」という試み　98
　　～⑤　辻又に呼びこみたい人たち　100
　　　　パターン1．フリーランスやテレワーク　101
　　　　パターン2．ITベンチャー企業　102
　　　　パターン3．米を原料とした生産企業　104
　　　　パターン4．子供たちの受け入れ　104
　10年後の辻又を考える　105

  活性化案がまとまる！　107

Chapter 4　「活性化」を実行する ………… 111
活性化活動
  その①　〜都市型マルシェへの出店Ⅰ (出店にこぎつけるまで)　113
  その②　〜ライスミルクの商品化企画　114
新潟県庁での最終報告会　117
「活性化」を続けていく決意　117
活性化活動
  その③　〜小学校での講演会　118
  その④　〜都市型マルシェへの出店Ⅱ (辻又産コシヒカリのおにぎり販売)　121
  その⑤　〜辻又の運動会参加　123
  その⑥　〜辻又産のミョウガでおにぎり作り　126
寄稿　130

Chapter 5　「活性化」を経て生まれたモノ ………… 135
住民とのさまざまな交流　137
私たちが訪問を続ける意義　140
「世代間交流」としての本活動についての考察　141
「新しい公共」という視点　──新しい課題に取り組む　144
サービスラーニングという観点　──社会の一員として　148
「情報システム的視点」からの考察　149

Chapter 6　私たちは何を「活性化」できたのか ………… 155
「情報システムの視点」から見た集落活性化　157
辻又の「情報システム」に訪れた変化　160
私たちが「活性化」できたこと　──心の活性化　162

Chapter 7　座談会 〜私たちのための未来へ〜 ………… 165

参考文献　179
あとがき　183

森本ゼミナール

現地での活動
- 事前訪問
- 現地調査
- 新潟県庁での中間報告会
- 集落への中間報告
- 活性化策の議論
- 新潟県庁での最終報告会
- 集落への最終報告

2014年										
6月	7月	8月	9月	10月	11月	12月	1月	2月	3月	4月

現地以外での活動
- 活性化事業の応募・採択
- 事前調査
- 現地調査結果の整理
- 事前調査報告会
- 活性化策の考察
- 太陽のマルシェ参加
- ライスミルクの商品化検討
- ライスミルクの自作
- マルシェ出店の検討
- 出版企画の申請
- 報告書作成
- 出版企画の採択

辻又活性化プロジェクト活動履歴

- 雪まつり
- 新米試食会
- ミョウガ採り
- 辻又大運動会参加
- 出版に向けた取材
- ホタル観賞会
- 出版に向けた取材
- 山菜採り
- 田植え見学

	2015年							2016年			
5月	6月	7月	8月	9月	10月	11月	12月	1月	2月	3月	4月
・マルシェ出店決定	・ライスミルク試作品完成 ・マルシェ出店企画	・おにぎり協会への協力要請 ・マルシェ出店企画	・マルシェでおにぎり販売	・おにぎりレシピ開発	・クックパッドでレシピ公開					・「農山漁村振興交付金事業」に申請	

森本ゼミナール　辻又活性化プロジェクト活動履歴

Chapter 1
「辻又」との出会い

森本祥一ゼミナール

　専修大学経営学部森本祥一ゼミナール（以後、森本ゼミと略称）では、これまで神奈川経済同友会が主催する課題解決型ビジネスコンペ「神奈川産学チャレンジプログラム」に参加して、多数のゼミ生が受賞してきました。このコンペは、企業が抱えている経営課題に学生チームが解決策をレポートにまとめて、提案型のプレゼンテーションを行い、その優劣を競うものです。森本ゼミでは、専修大学経営学部が掲げる「理論と実践の融合」を目指し、毎年このプログラムに3年生全員が参加して、広く社会に目を向けるとともに、課題解決の能力に磨きをかけています。

　大学は、こうした教育活動や研究活動に加え、地域社会に向けた「知の還元」という重要な役割を担っています。近年では、こうした COC (Center of Community) 事業に力を入れる大学の数も、国公立を中心に増えてきています。2016（平成28）年度で創設7年目を迎える森本ゼミですが、単にビジネスコンペに参加するだけではなく、そこで得た経験や知見を社会の役に立てるべきである、という考えのもと、2014（平成26）年6月に新潟県が公募していた「平成26年度　大学生の力を活かした集落活性化事業」に応募しました。私たちが採択されたのは、新潟県南魚沼市辻又集落の活性化事業でした。

　私たちが最初に申請していた活動の受け入れ先は、新潟県内のある温泉地でした。結果的にこちらは不採用となりましたが、私たちの「ICTを活用した情報収集・情報発信による集落活性化」という提案がおもしろいと県庁の人が目を留め、まだ受け入れ大学が決まっていなかった別の集落にぜひとも再応募してほしいという連絡をいただき、その結果、南魚沼市の辻又集落を選ぶに至りました。

　その理由は、辻又地区の課題・展望として挙げられている「集落周辺の自然環境を売りにした地元産コシヒカリのブランド化と販売促進による農業担い手確保等」という内容に、経営学部で学んできたマーケティングの知識が

活かせると考えたためです。

　マーケティングとは、消費者が求める商品・サービスを調査し、供給する商品や販売活動の方法を決定することで、生産者から消費者へのモノの流通を円滑にする活動の総称です。さまざまな調査を通して消費者が求めている情報を的確に判断し、それをいかに伝えるか、というマーケティング活動は、「情報システム[1]」を構築していかに情報を収集・発信するかということにほかなりません。辻又の活性化を目指す活動は、大学・ゼミで学んでいることを実践する良い機会になりました。

---

[1] ここで言う「情報システム」は、後述する広義の情報システムを指す。

新潟県南魚沼市辻又集落

　新潟県の南東部、北緯37度11分、東経138度53分、魚沼山地の海抜220mほどの細長い谷あいに、辻又集落はあります。南魚沼市は東京から約200kmの距離にあり、新潟方面の玄関口に位置しているため、高速道路や新幹線などの交通網が充実しています。そのため辻又集落は上越新幹線の浦佐駅、および関越自動車道の大和スマートインターチェンジから車で15分ほどと、都心などからのアクセスには恵まれています。

　辻又集落は世帯が15、うち高齢者世帯4、住民が43人（2015年6月時点）の、高齢化率が6割を超えている「限界集落」です。両側を山にはさまれた南北に長い里村で、澄んだ空気と清らかな水に恵まれています。辻又集落では今回、地元産コシヒカリのブランド化や、米作農業の担い手確保などを目的として、若い人たちからの提案を求めていました。

　この地域の気候は積雪量が多い日本海型気候に分類されます。年間平均気温は14℃前後と、わりあい冷涼な気候です。また国内でも有数の豪雪地帯であり、最高積雪深が3mを超える年がある一方で、近年では夏季の最高気温が40℃を超えることも少なくありません。

新潟地方気象台によると、4月から10月にかけての日照時間は東京よりも新潟のほうが長く、特に4月から6月初めにかけては日照時間が長くて、空気が乾燥する時期となります。新潟で日照時間が少なくなるのは6月下旬から7月中旬の梅雨の時期で、その後10月にかけて降水量が増えていく[1]という特徴があります。このような気候が米の栽培に影響しており、日本一美味しいといわれる米が生産されています。

1）新潟地方気象台ホームページ「新潟県の気象の特徴」。
　http://www.jmanet.go.jp/niigata/menu/bousai/met_character.shtml

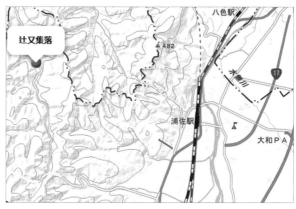

限界集落とは

　辻又はいわゆる「限界集落」です。限界集落とは、65歳以上の高齢者が集落人口の50％を超え、独居老人世帯が増加し、このため集落の共同活動の機能が低下し、社会的共同生活の維持が困難な状態にある集落を言います。1990（平成２）年に農村社会学者の大野晃がつくった造語であり、いまや一般的な用語として定着しています。
　2010（平成22）年の総務省の調査によれば、全国にある64,954集落のうち、9,516集落が限界集落となっていて、なかでも、454集落が今後10年以内に消滅する恐れがあると予想されています。

　限界集落では、生活基盤、産業基盤、自然環境、災害、地域文化、景観、住民生活の問題が挙げられます。集落の限界化のプロセスは、４つの段階に分けられ、この４段階のうち、２段階目と３段階目の間に、集落臨界点があります。集落臨界点を超えてしまうと、住民の集落に対する諦観が蔓延し、集落機能が急速に低下して、回復することがほぼ不可能な状況になります。そのため、外部からの支援施策もほとんど意味を持たない状況であり、集落臨界点を超えると手の施しようがないとされているのです。これまでの先行研究では、集落が臨界点を超える前の活性化策については研究されていますが、臨界点を超えた限界集落の活性化については研究が行われておらず、臨界点を超えた限界集落の問題は未解決のまま放置されているのが現状です。
　限界集落の問題点として、人口の減少、空き家の増加、耕作放棄地の増大、伝統祭事の衰退、森林の荒廃、医療施設・情報施設の都市部との格差、担い手の減少が挙げられます。問題の中心として、高齢化の裏側にある少子化があり、特に「戸数が少ない、子供の少ない集落」が危ないと言われています。

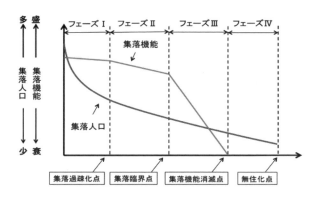

集落限界化のプロセス
出典：麻生憲一（2013）「集落限界化プロセスと過疎対策」『地域デザイン』1号，19頁。

活性化とは

　「活性化」という言葉は、経営関係では効率化や能率化にとって代わり、マネジメントの目標になっています。
　「活」は水偏に舌と書きます。水は食に通じ、舌は味わうとか話すことを意味し、活は生きることと、コミュニケーションを図ること。「性」は、立心偏に生きると書き、それは内面的に生きることであり、心から生きること。「活性」とは、取り組む対象にギリギリの緊張感を持って臨むことであり、端的には、本当にやる気を出すことと解することができるのです。そして活力に満ちた状態とは、変わりつつある状態であり、前向きに動いている状態。このことから、活性化とはより大きく変わることであり、より大きく動かすことではないでしょうか。
　活性化の具体的な意義は、第一に現状を変革し、成熟による歪みを是正することと言えます。動・植物は加齢によって精気・活力を失いますが、人間も例外ではありません。それと同様に経済や地域も成熟することにより、活力がなくなってくる状態から人為的に脱する行為や働きかけが、活性化なの

です。

　第二に、産業活動に関連するヒト・モノ・カネなどの生き生きとした動きを作り出すことです。ヒト・モノ・カネ・情報などの積極的な交流・循環のためのイノベーション（変革）によって、地域の人々がやる気を起こし、かつ、やった結果について充実感を感じ、成功体験を共有することです。つまり、活性化＝やる気＝充実感なのです。

　第三に、活性化の内容は時代とともに変化し、企業・組織そして地域などの主体によっても異なり、一様ではないため、いつの時代にも適用する活性化施策やマニュアルや、どこにでも通用するといった活性化メニューや特効薬は存在しません。

　地域を活性化させるためには、時代のトレンドや環境変化に即応し、地域の潜在能力を極限まで引き出すとともに、地域の伝統の良さを生かしながら、その若返りを図ることが必要ですし、未来の目で総合的に判断する能力があるかないかで、地域の活性化が決まるのだと思います。

　辻又は、なぜ限界集落になってしまったのか。どうすれば活性化するのか。よって、この「活性化プロジェクト」は、地域活性化のゴールを、集落の住民が活性化に対してやる気を出し、前向きな気持ちになることとしてスタートします！

「情報システム」とは

　森本ゼミでは、「情報戦略」や「情報システム」について学んでいます。情報社会の時代と呼ばれている今日では、「情報」の有無やその質が、社会や個人の日常生活に直接的な影響を及ぼします。「ICT（情報通信技術）」と呼ばれるもの、特にインターネットの発展により、情報が得やすくなった反面、情報の氾濫あるいは情報過多に陥り、自分にとって本当に必要な情報を見つけられない、情報の信ぴょう性や真偽を確かめられない、届けたい相手に情報が届かないというような状況が起きています。

そこで重要となるのが、伝えたい情報をいかに的確に相手に伝えるか、という情報戦略です。どのような場所で、どのような手段を使って、どのような情報を伝えれば良いのか。たとえば人が多く集まる駅が良いのか、街中が良いのか。デジタルサイネージが良いのか、Facebook が良いのか、スマホアプリが良いのか、電車内の吊り広告が良いのか、テレビ CM が良いのか。伝えたい情報と相手によって、これらを的確に選ぶ必要があります。このような情報戦略を、事例研究や実践活動を通して学んでいます。

　このような情報を流通させる仕組み自体を、情報システムと呼びます。世間一般の認識では、「情報システム ＝ コンピュータシステム」のように思われていることが多いですが、情報システムはコンピュータが登場する遥かに以前から存在しており、必ずしもコンピュータなどの ICT の利用を前提とはしていません。最も小さな単位の情報システムは、人と人との会話です。重要なのは「情報の利用を望んでいる人々にとって、手に入れやすく、役立つ形で、社会または組織体の活動を支える適切な情報を、集め、加工し、伝達する、人間活動を含む社会的なシステムである」[1]ということです。つまり、火を焚いてその煙で情報を伝達する「狼煙」の仕組みも、手紙で情報を伝達する「郵便」の仕組みも、記者が取材により情報を集め、記事にして伝達する「新聞」の仕組みも、それぞれが 1 つの情報システムと言えます。

　このように情報システムが社会インフラとなり、いつでもどこでも情報が手に入る現代において情報の流通が阻害されるということは、個人や組織の社会的な孤立を招くだけでなく、活力そのものを失ってしまいます。私たちはこの点に着目し、集落が再び活気を取り戻すためには、情報の循環を良くすることが必要であると考えました。なぜ情報の循環が悪くなってしまったのか、そこには本当はどのような情報がある（あった）のか、それらをうまく循環させるためにはどのような情報システム（仕組み）が必要なのかを中心に、現地調査や住民の人たちとの交流を通じて活性化策を考え、実践してきました。

---

1) 情報システム学会の定義より。

> **コラム**
>
> ### 情報とは
>
> 「情報」という言葉の意味は、広辞苑によると「或ることがらについてのしらせ。判断を下したり行動を起こしたりするために必要な知識」とされています。経営の分野では、人・物・金と並んで「4大資源」と呼ばれ、組織・個人が意思決定や問題解決のためにどんな情報を、どのように獲得・共有・利用しているのかを調べ、組織運営に活用しています。
>
> 私たちは、普段何か行動を起こそうとしたときに情報を欲し、その情報を探して利用し、場合によってはその情報や別の情報をほかの誰かに提供します。これを「情報行動」と言います。つまり情報行動とは、利用者が情報システムから情報を得たり、逆に情報システムに情報を提供したりする相互作用を指します。これには、利用者自身の頭や心のなかでの認知・感情や、自分以外の他人との相互作用も含まれます。皆さんも、買い物や旅行に行くために商品や旅行先の情報を集めてから選んだり、趣味のために情報収集したり、本を読んで情報を得たりしているはずです。現在では、日常生活のどこにでもある、ごく普通の行動になっています。そして情報行動が成立するには、必ずその背後に情報システムが必要であり、情報システムは社会インフラになっていると言っても過言ではありません。
>
> このような状況は、情報格差、情報中毒、情報過多、情報と情報源の乖離、情報不安症などのあらたな問題も引き起こしています。

事前調査

　今回、辻又の活性化を目指すにあたり、「フィールドワーク」という調査方法を用いました。フィールドワークという言葉から連想するイメージと、実際の研究方法としてのフィールドワークは、多くの場合、異なります。フィールドワークとは単に研究室の外に出ての調査、屋外・野外の調査、もしくは単に外部の人にインタビューすることを指すのではありません。それは参与観察、つまり調査の対象となる組織やコミュニティに自らが参加して、部外者には知り得ないような事柄についての内部情報を得ることを言います。外から見るのではなく、かといって深く入り込むのではない、「参加」と「観察」のバランスをうまくとり、当事者と観察者の中間、すなわち一定の距離

を置いた関与、客観性を失わない参加により、何が問題なのかすらはっきりしない状況から徐々に問題を明らかにして、解決方法を考察していきます。その際に現場で短い仮説・検証を何度も繰り返すため、これはまた「漸次構造化」といわれるアプローチでもあります。

　フィールドワークを成功させるためには、いかに現地の人たちとの信頼関係を構築できるかが鍵であり、そのためにはどの程度現地のことについて予備知識を持っているかが重要となります。現地に行く前にどれだけ現地のことを調べたのかが、現地に行ってからの調査の効率や、調査で得られる結果の質に直接影響を及ぼすのです。

　そこで私たちは、2014年7月4日に最初のミーティングを開き、辻又の活性化にはどのような知識やスキルが必要とされるかを考え、現地に行く8月初旬までに、それぞれが分担して調査することにしました。

　まず辻又の特産品である米に関する知識について、青木・遠藤・野谷・福井の4名が調査にあたりました。米作りや米そのものに関する知識、コシヒカリという品種に関する知識、米にまつわる法律に関する知識、米が収穫されてから市場に出回り消費者にわたるまでの流通に関する知識、そして全国にあるブランド米の先行事例について調査しました。次に集落の希望が米のブランド化ということだったので、ブランドに関する知識について、鈴木・寺嶋・丸山の3名が、ブランドを確立するまでの過程や、ブランド化に必要な要素、それらを消費者にどう伝達するかまでの理論について調査しました。また辻又に類似した地域の活性化事例について、李・井上・大嶋の3名が調査を行いました。農業や米による地域活性化の成功事例を中心に、町興しのためのイベントなどを調査し、辻又の活性化に役立ちそうな要因を抽出しました。

事前調査のテーマ内容

① 米に関する調査内容
- 米の基礎知識
    市場規模、消費量、自給率、税率など
- 米に関する法整備
    米トレーサビリティ法、新食糧法、JAS法など
- 米の流通について
- コシヒカリについて
- 全国のブランド米について

② ブランドに関する調査内容
- ブランド構築
    価値の設計、具現化
- ブランド・ポジショニング
    機能的価値、情緒的価値
- ブランド・コミュニケーション
    ブランド要素、情報伝達
- ブランド知識
    再生、再認

③ 地域活性化の事例に関する調査内容
- 株式会社マイファームのビジネスモデル
    放棄地の再生、レンタルファーム、農業教育、農業ビジネスコンサルティング
- 株式会社東洋ライス「金芽米」の事例
    新たな精米法による米のブランド化
- 函館市西部地区「バル街」の取り組み
- 栃木県宇都宮市「宮コン」の取り組み
    町興しのイベント開催

　そして現地に行く1週間前の8月2日、それぞれのサブチームが、以上のような調査結果を報告し合い、知識を共有してから現地調査に臨みました。

Chapter 2
辻又で「限界集落」を体験する

1日目　8月7日（木）　天気：くもり

現地へ到着

　現地調査の初日、車2台に分乗して南魚沼市を目指しました。高速道路を降り、浦佐駅を通り過ぎ、コンビニや飲食店があった風景から、だんだんと緑一色に変わっていきます。浦佐の町を過ぎてから短いトンネルを抜けると集落へ続く道路が延びており、一気に田んぼや山にあふれた景色になります。辻又集落はその道路を挟んで、民家や畑、田んぼが点在して、その奥に深い山や川があるような土地柄です。

　こうして昼過ぎには現地に到着しました。私たちの滞在場所は、「辻又多目的センター」という、もとは小学校だった木造の建物です。外見は少し古く感じますが、内部はきれいに改装されていて、現在は集落のイベントや訪問健診などで使う住民のための共用スペースです。建物には昔の小学校の雰囲気が残っており、1階が体育館、2階が10畳ほどの和室になっています。

辻又神社側から見た多目的センター

そのあいだの中2階には、キッチンとトイレ、浴場などが設置されており、旧校庭はゲートボール場として利用されています。

　この日、多目的センターでは、南魚沼市役所や集落の人たちの多くが私たちを出迎えてくれました。自炊用品や寝具、日用品などは集落の方が準備してくださっていて、そのほか必要なものは、浦佐駅周辺のスーパーやホームセンターなどに買い出しに行きました。食事はすべて自炊なので、森本先生を含めた11名で班を作って食事当番を決め、各班が1日の食事の買い出しから準備までを行うことにしました。

　またこの日は、夕食のあと、明日からの調査に備えてスケジュールの確認やフィールドワークの方法についてのおさらいをしました。

スマホが使えない!!

　辻又集落へ行く途中、ふと自分のスマートフォンを見ると、「圏外」と表示されていました。辻又集落やその付近ではauの電波が入らないことを、そのときはじめて知りました。家族と連絡をとったり、ネットで調べたり、SNS[1]を見たりと、スマホは私にとってはなくてはならない存在です。集落に着いて、「圏外」の生活を送ることで、いかに自分がスマホに依存していたのかよくわかりました。

　ところが2〜3日過ぎると、いつのまにかスマホがなくても平気になっていたのです。誰とも連絡を取らないし、友達が何をしているのか気になってスマホを見ようとも思わなくなったのです。最初にあった不安が、少しずつ開放感に変わっていくようでした。これなら、もしもスマホがなくなっても生活していけるのではないかと思いました。たとえば「余計な情報」が入ってこないのです。余計な情報とは、他人がどのように過ごしているかというような、直接自分とは関係のない情報です。つまり、そういう情報は、本当は必要ではなかったことに気がつきました。これがいわゆる「情報中毒」や「情報不安症」なのだと身をもって理解することができました。そういう意味では辻又集落では自分はのびのびと過ごすことができたと感じています。

その後東京に戻ってきて、再び当たり前のようにスマホを使い始めた自分に、最初のうちは違和感があったことを覚えています。スマートフォンを握って下を向いている人たちを眺めて、ちょっと息苦しいな、と思いました。スマホのない1週間を実際に経験したためか、今は自分とスマホの関係をすこし客観的に捉えられているのではないかと考えています。　　　　（野谷）

1）Social Networking Service。人同士のつながりを電子化するサービス。

集落の中央を道路が貫く

2日目　8月8日（金）　天気：雨

集落のフィールドワーク

　朝食のあと全員でミーティングを行い、午前中は集落周辺の自然環境の調査を行うことにしました。辻又集落は、多目的センターを中心にほぼ南北に縦長に広がっているので、6名と5名の2チームに分かれて、それぞれ北側と南側を調査することにしました。この日はあいにくの雨でしたが、日程が限られていたので調査を強行しました。

　道路は辻又川に沿って伸びており、それがところどころで交差して、あちこちに橋が架かっています。どこにいても川の水の流れる快い音が聞こえてきました。多目的センターから北側へ行くと、辻又神社、薬師堂、観音様、火山灰の地層が見られる断崖などがありました。

　辻又集落の起源は記録に残っているだけでも1185（元暦2）年ととても古く、鎌倉時代に平氏と源氏のそれぞれの残党が隠れ住んでいて、その末裔が今も共存して暮らしているという珍しい歴史を持っています。

集落内を歩いてまわる

> **ポイント**
>
> ### フィールドワークの有効性
>
> 　私たちは今回、現地での生活を通して、自分の目で見て自分の耳で聞いて空気を肌で感じ、「心身」を通して問題を明らかにしていきました。特に意識したのは、現地での生活を「楽しむ」ということでした。フィールドワークの成果は、現地でどのような人間関係を築くことができるかに依存します。最初は、私たちは集落の人たちにとって、どこの誰かもわからないような輩だったかもしれません。しかし交流を続けていく中で、新たに関係が生成され、変化し、受け入れてもらえるようになっていったと思います。端的に言えば「仲良くなる」ことで、教えてもらえる情報が増え、かつ詳しくなっていき、それが問題の把握や的確な解決につながっていくのです。さらに「仲良くなる」ことで、自分たちが現地の問題を真摯に受け止めるようになり、何とか解決したいと強く願うようになりました。
>
> 　外から眺めても本当の問題を知ることはできません。まずは当事者となること、「他人事」から「自分事」に転換することが問題解決の第一歩となるのではないでしょうか。

　多目的センターより北側には史跡が多く、反対に南側には自然の美しいスポットがたくさんあります。まず「ヤゴ平線」という林道があり、そこを登っていくと、南魚沼市を一望できる「上田の平」という見通しのよい場所に出ます。このヤゴ平線は、毎年秋に行われる山岳耐久マラソンのコースにもなっており、上田の平に着くまでの途中に、辻又発祥の地といわれる「あみだ屋敷」があります。今は何もない広場で、ただ一面に青草が生い茂っています。

　ヤゴ平線の入口からさらに南へ行くと、辻又川の支流にあたる滝ノ沢があり、その沢の壁面に貝の化石が埋まった地層があって、昔このあたりが海だったことがわかります。滝ノ沢からさらに南に進むと、名水の湧き出る「峠の清水」があります。澄んだおいしい水で、遠方からもわざわざ車で水を汲みにくるほどだそうです。春には雪解け水が川となり、それを水田に引いて利用するため、とてもおいしい米が作れるということです。

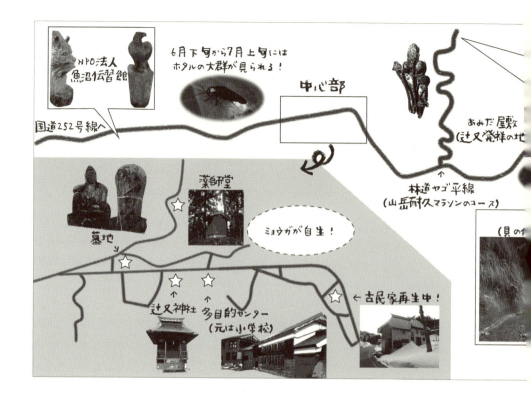

辻又の自然

　辻又を流れる川の水は雪解け水です。夏は近づくだけで肌に涼しさが感じられ、気分が落ち着いてきます。

　川の水音は集落のどこにいても常に聴くことができますが、この辻又の川には魚などの生き物がいません。過去にはいたそうですが、水温の上昇や水量の減少、農薬などの影響で姿を消してしまいました。数年前までは、県内外から自然体験や林間学習などにくる子供たちに魚のつかみ取り体験を行って、獲った魚をその場で焼いて食べたりしていましたが、川に魚がいないため、ほかの施設で育てられた魚を川に放流したものなのです。子供たちにしてみればこの川に住む魚だと思って食べていたかもしれません。

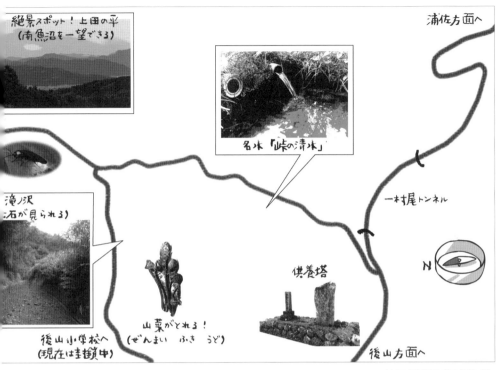

辻又 道路図（編者作成）

　自然はどこにでもあるものですが、本当の「自然」は、人の手が加わっていないものです。でも多くの地域では、人の手が加わっているからこそ美しい景色があり、整備されているからこそ自然を楽しめるのでしょう。

　そんな中、辻又では流れる川や湧水はもちろん、山菜やホタルのほか、年間を通して見られる虫やカエル、上田の平、地層、貝の化石など多くの「人為の加わっていない自然」が残っています。これはとても貴重です。人の手が加わっていない純粋な自然と、人の手を加えることによる自然の造形の美しさ、どちらの景観が魅力的なのでしょうか。

火山灰の地層が見られる

雪解け水が流れる辻又川

旧辻又小学校

　辻又小学校は集落北西部の山あいを流れる辻又川に臨んで、はじめは個人宅を借りて開校されました。昭和20年代半ばになって、当時の藪神小学校から村立の独立校として発足しました。その頃は、50数名の児童が在校していましたが、高度成長期の40年代になると地元で生まれ育った若者が東京などに出ていくようになり、そのまま戻ってくることなく、それが児童の減少につながりました。50年代になってさらに減少の一途をたどり、ついに1983 (昭和58) 年3月をもって閉校となりました。

　その翌年には残った校舎が「多目的センター (地域集落センター)」に指定され、イベントや集会場として使われています。

　午前中の調査が終わると、多目的センターに戻って、それぞれが見たこと、感じたことをフィールドノーツ[1]に記録しました。

　昼食後は、区長の佐藤眞一さんに付き添ってもらい、集落の各戸へ挨拶にまわりました。単身高齢世帯のお宅もあり、足腰が不自由だとか、耳が遠いなどの理由で出てこられない方もいました。買い物や通院など、日常生活も自由にならないような現状を目の当たりにした瞬間でもありました。

---

[1] フィールドワークを通して現地で見聞きしたことを記録したもの。単純なメモやノートだけでなく、撮影した写真や録音した音声なども含まれる。

ブレーンストーミングで理解を深める

　夕食後はフィールドノーツをもとに、各自が今日1日見聞きしてきたことを、ブレーンストーミング (新たなアイディアを生み出すための方法の一つ) の形式で報告し合い、まず辻又の自然環境についてまとめました。各自が思いつくままに付箋に書き出し、模造紙に貼って、その後、KJ法を使ってグルーピングしてまとめていきました。

ここでわかったことは、史跡・自然の見どころは多いものの、そのほとんどが未整備な状態であること、その場所や種類など、これらの大切な資源に関する情報を伝える媒体がないために、集落の外には伝わらないということでした。これまでは集落の住民だけが知っていればいい情報であったため、内部で留保されていたのですが、年々住民が減っていって情報量が減少、もしくは情報源そのものがなくなってしまい、情報の循環が悪くなっていると考えられました。
　時代や環境の変化に合わせて、外部へ流すべき情報を取捨選択し、情報システムそのものを変更しなければならないことがわかりました。

フィールドノーツの一部

> **ポイント**
>
> ## KJ 法
>
> フィールドワークでは、データの収集、分析、問題の構造化[1]という作業を同時並行して進行します。私たちは辻又集落に滞在中、毎晩、野外調査や地元住民へのインタビューから得た情報を付箋紙に書き出して「KJ 法」で整理し、次に何を調べるべきかを議論しました。
>
> KJ 法とはブレーンストーミングなどによって得られた発想を整序し、問題解決に結び付けていくための方法のことで、KJ 法という呼び名は、これを考案した文化人類学者、川喜田二郎氏の頭文字からとられています。
>
> 1)「問題の定式化」や「問題(意識)の明確化」、「仮説の設定」などと呼ばれる作業を指す。まず、調査を通して検討していくべき基本的なテーマや問題が何であるかについて、明確にしていく。

住人へのインタビュー〈1〉 辻又集落の子供たち

　Yさん (15歳、高校1年生)、Kさん (14歳、中学校2年生)、Hさん (11歳、小学校6年生)。辻又集落唯一の子どもである、4姉妹のうち、3人に話を聞きました。

　「辻又集落に住んでいて良かったと思う点は、何?」と聞くと、3人とも「うーん」と考え込んでしまいました。少し経ってから、「静かなところ」「山が多い」「夏でも朝晩はとても涼しいから」などの答えが返ってきました。生まれてから豊かな自然が当たり前の辻又に住んでいても、なお自然の恩恵を評価しているというのは意外でした。
　次に「辻又に住んでいて嫌だなと思うときは?」と質問してみると、「学校が遠くて不便です。歩いたら、1時間以上かかるし」「部活の後とか、親に車で迎えにきてもらわないといけない」「何か買いたいときでも、浦佐まで行かないと店がない」などの答えが返ってきました。

―― では、将来も辻又に住み続けたいですか?

3人　「(迷わずに) 嫌です」
H　　「面倒だから」
H・K　「将来ここに住みたいと思わない。同年代の子どもがもっといてくれたらいいのに……」
K　　「何をするにも大変だから。友達に会うのも離れているから大変で、買い物も不便。車が運転できればまだいいけど……」
3人　「辻又にあったらいいなと思うものは、お店 (駄菓子屋さん、洋服屋さん) とか、コンビニ。近くにあったら、ないものがすぐに買えて便利

だから」

―― 辻又のどんなところが好きですか？
3人　「鬼ごっこやかくれんぼなど、戸外でたくさん遊べること。車が通らないから道路でも遊べる。センターでお友達とお泊り会ができる。つい最近も、お泊り会しました」

Y・K　「辻又でやってほしいと思うことは、花火大会ですね」
H　　「遊ぶための遊具を増やしてほしい。たとえば、シーソーとか回旋塔。ブランコも、いまあるのは低いから直してほしい」
3人　「元気な辻又であってほしいです。人がたくさんいて、にぎやかで、一緒に遊べるような子どもたちがほしい」

　集落から学校まで遠いために、放課後に友達と遊べないこと、通学時間が長いなどへの不満につながっているようでした。
　隣の後山集落では、小学校でさまざまなイベントを行い、住民の交流を深めています。「子ども」を中心とした情報交換の仕組み（情報システム）が、その地域の活気に関係していると言えそうです。ほかにも、時間的、距離的な制約を受けずに、友人とコミュニケーションができるSNSが、子どもたちの不満の解消につながるのではないか、と思いました。
　SNSに起因する社会問題も多いのですが、ICTは、使い方次第で「薬」にも「毒」にもなり得るのです。

3日目　8月9日（土）　天気：くもり

全戸訪問

　この日は2、3人ずつに分かれて、集落の全戸を訪問しました。どの家庭でも、最初は玄関先での立ち話から入り、打ち解けてくると、「中へ入ってお茶でもどうぞ」と誘われ、たくさんの話を聞くことができました。チームコシヒカリのロゴも気に入ってもらい、Tシャツが欲しいという方も多くいました。

　集落の方に話を聞くため、3人のグループを作り、それぞれ1軒ずつ家庭をまわっていきました。私が担当した1軒目はおばあちゃんが一人暮らしをしている家で、大学生3人対おばあちゃん一人という状態だったので、圧迫感を与えてしまったのか、ほとんど話を伺えませんでした。
　2軒目はご夫婦で住んでいる家庭でしたが、不在でした。

> **ポイント**
>
> ### インフォーマルインタビュー
>
> 　フィールドワークによる調査では、インフォーマルインタビューが基本となります。インフォーマルインタビューとは、事前に質問内容や質問の仕方を決めないで行う聞き取り調査法です。
>
> 　事前に質問を用意して、一問ずつ答えてもらうフォーマルインタビューと異なり、何気ない会話や雑談の流れのなかで、聞きたいことを臨機応変に質問していきます。
>
> 　フォーマルインタビューでは、聞きたいことがある程度明確になっていないと質問できませんが、今回の集落活性化のように、最初は何が問題かすらわからない場合にはインフォーマルインタビューという手法が有効です。インタビューしていくうちに、「何を聞けばいいのか」「誰にきけばいいのか」「どのように聞けばいいのか」といった、具体的な調査の課題自体を明らかにしていくことができます。これらが徐々に明らかになっていくと、質問したい内容も具体的になっていき、焦点をしぼった調査を行うことができるようになります。
>
> 　インフォーマルインタビューは、単なる情報収集だけでなく、現地になじむための重要なコミュニケーション手段でもあります。インタビューを通して、現地社会に特有の価値観やルール、住民の世界観などを明らかにすることができます。
>
> 　留意点としては、自分が何者で、何のためにどんな調査を行っているのかを、平易な表現でわかりやすく説明し、相手の方の理解を得ておく必要があります。
>
> 　また、事前調査のところでも述べましたが、下調べをしておくことが相手の方に対する最低限の礼儀です。事前にどれだけ現地のことを知ろうと努力したか、どれだけの予備知識を獲得したかどうかが、調査全体の効率性にも影響します。フィールドワーカーは、観察者であり、現地社会の当事者でもあります。だからこそ外部と内部をつなぐ接点になることができるのです。ただし、情報を教えてもらう立場であるということを意識しなければなりません。
>
> 　具体的な活性化事業を通して、情報を集め、整理し、インターネットや本書のようなエスノグラフィなどを通じて伝える、というフィールドワーク自体が、辻又集落の情報システムの再構築そのものであることに気づきました。

3軒目は何人かの家族で住んでいる家庭で、おじいちゃんが外に出ていたので、話を伺ってみましたが、こちらも私たちをあまり良く思っていないのか、話を伺うことができませんでした。
　私には、田舎の人は温かくて、フレンドリーに接してくださるというイメージがあったので、私たちの話の切り出し方や、話を伺う姿勢が悪かったのではないかと、落ち込んだのを鮮明に覚えています。この反省を活かして、そのあと何度か各家庭を訪ねましたが、一番最初に訪問した、あまり話を聞けなかった家のおばあちゃんが心を開いてくれて、仲良くなれたのがとても嬉しかったです。

(福井)

　集落の多くのご家庭では突然の訪問にも関わらず、初対面の大学生を家に上げてくれました。正座をして話を伺っていると、「楽にしていいんだよ」とも言ってくれました。訪問時間は30分から、長いときは1時間以上で、質問にたくさん答えてくれました。
　佐藤和子さんのお宅では、小学生の女の子と一緒にテレビを見ました。見ながらお菓子を食べ、子供たちの七五三の写真を見せてもらったり、飼い犬と遊んだりもしました。何度もこのような交流をしていく中で、人の温かさを感じることができました。
　「どうぞ、寄って行って」、「この漬物、美味しいからみんなで食べてね」、「川で遊ぶといいよ」など、かけてくれたいろいろな言葉が強く心に残っています。

(野谷)

　インタビューをするときに、家に上がらせていただくと、とても嬉しそうにお菓子とお茶を出してくれました。申し訳ないと思いつつもいただくと、またさらにお菓子を出してくれ、お茶もついでくれました。
　インタビューは分担して、チームごとに何軒かまわったのですが、皆さんお菓子とお茶をたくさん出してくれるので、夕食までにお腹がいっぱいになってしまうことがありました。会ってまだ日が浅い関係の中で、私たちが居心地のよいインタビューを心掛けなければならないのに、私たちが心地よ

くインタビューさせていただきました。「まるで孫のようだ」と言ってもらったときに、楽しく話ができていたのは、私たちだけじゃないんだととても嬉しく感じました。玄関で会って、「入って、入って」と家の中に招き入れられるのも、私たちを受け入れてくれるのがよくわかり、自然と笑みがこぼれました。

(大嶋)

人口と世帯数の変化

　辻又集落の人口は1966 (昭和41) 年の時点で241人、世帯数が47でした。そこから減少傾向をたどり、10年後の1976 (昭和51) 年には、人口が123人、世帯数は31と、120近い人口と16世帯が減少しています。翌年の1977年から78年には、人口と世帯数が増加し、一時は持ち直しましたが、1979年からは、また減少しています。1998 (平成10) 年からは、人口も世帯数もほぼ横ばいでしたが、2015 (平成27) 年には、さらに減少し始めているのが現状です。

　全戸訪問は3グループに分かれて行いましたが、午前中で全てまわれてしまうくらいの戸数なのです。

　辻又集落だけでなく、南魚沼市も数百人単位で減少していたり[1]、新潟県

でも毎年約1万人も減少していたりと[2]、県全体で人口減少が進んでいます。総務省統計局によると、日本の将来人口はさらに減少をたどる予測が立てられています[3]。

　このままでは辻又集落もさらに人口が減少し、近い将来は消滅集落になり得ると考えられます。

1）南魚沼市,「南魚沼市の人口・世帯数」。
　 https://www.city.minamiuonuma.niigata.jp/soshiki/simin/jinko-setai.html
2）新潟県,「新潟県推計人口（平成27年4月1日現在）」。
　 http://www.pref.niigata.lg.jp/tokei/1356803962755.html
3）総務省統計局（2015）,『日本の統計〈2015〉』,日本統計協会。

U・Iターンで人口減少を防ぐ

　辻又で生まれ育った有山幹雄さん（67歳）は、集団就職のために一度は東京の八王子へ行き、結婚したあとご両親の介護のために辻又に戻ってきました。八王子に住む有山さんの息子さん一家は毎年、夏休みになると辻又へ来て過ごしており、お孫さんたちは自然のなかで虫を捕まえたり、車を気にせず道路で遊んだりしています。

　有山さんは人であふれる都会生活にふたたび戻りたいとは思わないそうですが、老いて独りで辻又で暮らすには限界があると言います。厳しい冬を過ごさなければならないこと、買い物の不便さなど確かに大変で、厳冬期は雪で家が孤立してしまうこともあるそうです。そんなときは近所の人と電話で話したり、隣家でお茶をしたり、日帰り温泉施設で気晴らしをすることもあるようです。

　地域からの人口流出は、地域の消費や経済活動を低下させ、残った人々の雇用機会を奪うおそれがあります。このように人口減少は地域経済にとってマイナスに働きますが、その改善に寄与できるのが、有山さんのように都市から地元に戻ってくる「U・Iターン」ではないでしょうか。

　労働政策研究・研修機構によると、「U・Iターンを希望する理由としては、

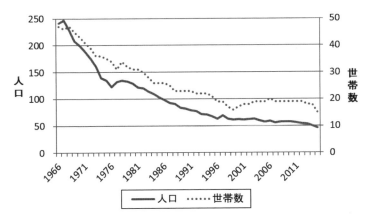

辻又の人口・世帯数の推移
出典：南魚沼市役所の資料をもとに作成。

『その県や地域が好きだから』、『のんびり生活したいから』、『親族・友人・知人が多いので』、『仕事以外の生活も充実させたいから』、『自然が豊かだから』などの回答割合が高い」[1)]そうです。自然の魅力を守るワークライフバランスの創造、都市圏と非都市圏の間の交流を守る人と人とのつながり、つまり情報システムを築くことが大切です。

---

1) 独立行政法人労働政策研究・研修機構（2011）、「非三大都市圏へのＵ・Ｉターンの促進とＵ・Ｉターン者を活用した内発的雇用創出活性化に係る研究」『労働政策研究報告書』134号。
http://www.jil.go.jp/institute/reports/2011/0134.html

白熱ゲートボール

午後は、多目的センターの広場でゲートボールを行うので、ぜひ一緒にやってみようと誘われたので、飛び入りで参加させてもらいました。

辻又では、10人ほどが集まって定期的にゲートボールをしています。ゲートボールは身体能力の差が影響しないため、老若男女が楽しめるコミュニケーションツールになっているのです。雨天中止の情報や、場所については、担当の人が車で集落内をまわって連絡するそうです。

> **ポイント**
>
> ### ゲートボール
>
> 　日本ゲートボール連合によると、ゲートボール（Gateball）は、1947年にヨーロッパの伝統的競技「クロッケー」[1]をヒントに、戦後の混乱期で満足な遊び道具のない子どもたちが手軽にできるスポーツとして考案されたそうです。そして、本来の対象であった子どもたちとは別に、手軽で体力的な負担も少ないという特性から、高齢者向けスポーツとして脚光を浴びるようになりました。「とくに1964年の東京オリンピック後、文部省（現在の文部科学省）により『国民皆スポーツ』が提唱されたことにより、若年層から高齢者層まで年齢・性別を問わず、いつでも、どこでも、誰とでも気軽に楽しめるスポーツとして、全国各地でゲートボールが普及されるようになりました」[2]とのこと。
>
> 　日本のゲートボール愛好者の推計は120万人（2015年現在）となっています。高齢者のスポーツとしてのイメージが強いですが、近年は若年層にも普及しています。1996年から全国ジュニア大会、1999年から全国社会人大会が開催され全世代型スポーツとして推進されています。世界的にみると50以上の国・地域に普及しており、約1,000万人の人たちに愛好されています[3]。
>
> 1）4個の色違いの木製ボールを木槌で打ち、一定の順に配置されたフープを通過させ、所定の位置に設けられた1ないし2個の標柱に当てて得点を競う競技。
> 2）日本ゲートボール連合ホームページ「ゲートボールの歴史」
> 　http://www.gateball.or.jp/gateball/
> 3）日本ゲートボール連合ホームページ「ゲートボール豆知識」
> 　http://www.gateball.or.jp/gateball/

　5人ずつの紅白2チームに分かれて、時間内に多くのポイントを獲得したチームの勝ちです。見た目よりもはるかに難しく、ボールをまっすぐ打つことすら大変です。1試合目は、流れに追いつけないまま試合の終了時間を迎えました。2試合目からボールの扱いに慣れ、ついにゴールすることができました。このゲームは、技術はもちろん、頭脳戦の一面もあります。

　ゲートボールは、ボール・コントロールが最も重要ですが、ゲーム展開の予測や集中力といったメンタル・コントロールの能力も必要です。さらに次の打者につなぐための連携、チームワークといった精神的要素も要求されます。自分たちが苦戦しているあいだに、次々とゲームを展開させていく集落の人たちのゲートボール技術の高さに驚きました。

　ゲーム終了後、ゲートボールのコートを囲っている鉄の柵を、集落の人たちが慣れた様子で運んでいる姿を見て、日常的に体を動かしている人は体力も筋力もまだまだあるということを実感しました。農作業をしていることに加え、寒暖差の大きい夏や積雪量が多い冬を乗り越えながら生活していることも、元気につながっているのかも知れません。ゲートボールを通じて、たくさんの人と交流して親密になったことは、私の辻又での一番の思い出と言っても過言ではありません。普段は無口で気難しい方でも、ゲートボールの最中はとても素敵な笑顔で、たくさんお話をしてくださいました。「ゲートボール」は、世代や地域を超え、心の交流が可能になる「情報システム」だと思いました。　　　　　　　　　　　　　　　　　　　　　　　　（井上）

住民との交流会

　夜は、多目的センターで地元の人たちと交流会を行いました。軽いアルコールが出たこともあり、皆さんがどのようなことを思っているのか、本音を聞かせてくれました。

　このままでは集落がなくなってしまうという危機感は皆さんが共通に持っ

ているようでしたが、どうしたら良いかわからないという現実が感じられました。とにかく集落が存続してほしい、先祖から受け継いだ土地を守りたいという強い思いを感じ、私たちはできる限りやってみようと決意を改めた夜でした。

地元の方たちとの交流会

住人へのインタビュー〈2〉 水落義太郎さん

　ゲートボールを終えてから多目的センターの前で、水落義太郎さん（81歳）に話を伺いました。
　現在は奥さまと2人で暮らしています。81歳とは思えないほど背筋が伸びていらして、とても若々しい印象を持ちました。辻又集落のみなさんの年齢を訊くと、なにか身体を若く保つ秘密があるのではないかと思ってしまいます。

水落　「昔は山の資源（杉の木など）を売って生活してたんだよ。雑木を伐って窯に入れて炭に焼いたり、杉の木なんかは建材としてそれこそ1本10万円ほどで売れていたんだ。おじいちゃんが植えて、成長した杉を孫が売って、となるから、商売になるには70年から80年くらいかかったかな。でも今はタダも同然で、ほかに職を探さないと生活できなくなってしまった」

──　価値のあった杉が、どうしてタダ同然になったのでしょうか？

水落　「外国とかで安く買えるからさ。わざわざここまで来て買っていくメリットがないんだよ。杉みたいな山の恵みを、また生活の糧にできる日がきたら、嬉しいんだけど」

　水落さんの言うように、木材の供給量は変化しています。林業の国内生産額は2007（平成19）年で4,774億円ですが、木材価格のピークを記録した1980（昭和55）年には8,260億円でした。この30年足らずの間に約4割減少したのです。木材自給率は1955（昭和30）年から急激に低下し、1970（昭和45）年には輸入が国内生産を追い越す形になったのです（図1）。それは、わが国が1960（昭和35）年に木材の輸入自由化を行ったためです。戦後の

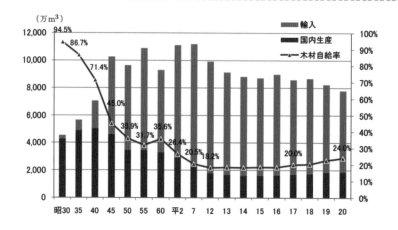

図1　木材（用材）の供給量の推移
出典：林野庁「我が国の木材供給量（用材）と自給率（丸太換算）の推移（平成22年度）」。

復興需要期には大量の木材が必要とされ、価格が高騰しました。このため、安価な木材に需要が集まり、国産材の生産量が減少していきました。

また林業の就業者数は、1960年に約44万人いたところ、2005（平成17）年には、5万人に減少しました（図2）。また就業者の高齢化も著しく、2005年における林業の高齢化率は26％と全産業の高齢化率9％の約3倍に達しました。

高知県檮原町では、林業の衰退を阻止すべく新たな取り組みを行っています。檮原町森林組合では、2000（平成12）年に他社との差別化のため、FSC森林認証[1]を取得し、FSCのブランド材として販売を始めました。また2010（平成22）年からは実験的に森林吸収クレジットの販売にも取り組むなど、「環境」を軸とした林業・森林づくりへの転換を図っています。

水落　「出稼ぎに行ってたころは楽しかったよ。10代のころは11月から3月まで東京か横浜に行って、いろいろな仕事をした」

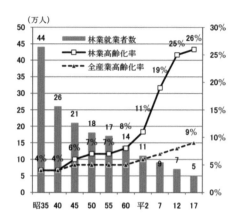

図2　林業就業者数の推移
出典：総務省「国勢調査（平成22年度）」。

―― 同級生や友だちは辻又にまだいますか？

水落 「昔は10人以上いたよ。いま残っているのは1人かな。あとは亡くなったり、都会に出たりしているよ。亡くなった者も、都会に出たのが多いね」

―― これまでの苦労はどんなことがありますか？

水落 「いまは（魚沼）伝習館になってるけど、昔そこに牧場があって、牛を飼っていたんだ。当時副社長だった人がそれを提案してね、そのころは牛飼いが流行っていたんだよ。私もその話に乗って、初めは良かったけど、2、3年たったころ社長と副社長が意見の違いで喧嘩してしまってね。私が牧場を任されることになったんだけど、だんだんうまくいかなくなって、何千万円かの借金を背負うことになった、あれは辛かったね。自殺したいと思ったよ」

―― 何千万円……。想像ができないです。

水落 「そうだろうね。それでも頑張れたのは、そのあと牛飼いの仕事の景気がよくなってきたからだよ。家内も手伝ってくれたから、なんとか頑張れた。まあ辻又で、いまもこうやって住み続けている理由は、先祖の墓や代々の土地を守るためなのかなあ」

── 辻又に住んでいて良かったと思うことは？
水落 「自然にしたがって生きられること。人間関係が都会と比べてややこしくないし、農業は自分がやりたい時間に仕事ができるからね。でも若いときは辻又から離れたいと思ったこともあったよ。やっぱり都会の生活を続けてみたいと思ったし、それが夢だった。友だちが出稼ぎに行って、映画や日劇ミュージックホールなんかへ行った話を聞いて、憧れを持ったんだね。自分が出稼ぎをしてたときは、電車で江の島や鎌倉に遊びに行ったよ。映画も当時は貴重な娯楽でね、500円くらいで観られたかな」

── ミュージックホールはあまり聞きなれない名前ですが。
水落 「宝塚（歌劇団）みたいな感じかな。背の高い女の人が舞台で踊っているんだけど、客席は満員だったな。私のような出稼ぎの人も多くいたと思うよ」

── 辻又で、この30年ほどで大きく変わったことは？
水落 「子どもがいなくなったことだね。多目的センターがまだ小学校だったころは、小学1年から中学3年まで全部で80人ほどいたんだ。運動会もにぎやかだったしね。あと変わったことは、道路がきれいに整備されて、雪深い冬でも車で東京に出られること。これは本当にありがたい、すごく助かってる。でも山はいつのまにか荒れてしまったな。昔はみんなで山菜採りに行っていたから、山には道ができていたんだ。それが高齢化が進んで山に入る人も少なくなって、だんだんと雑草で覆われて

いってしまった。そんなこともあって、昔は聞いたことがないクマやイノシシの目撃情報も出てきた。物騒だね。山が荒れて道がなくなって、人の気配も薄いから、動物が人里へ下りてくるようになったようだ」

—— 辻又でやってほしいことはありますか？
水落 「地域おこしかな。昔のようにとは言わなくても、もうちょっと、人口が100人くらいにはなってほしいね。村おこしするにも、人がいないとどうしようもないからね」

—— 辻又で復活してほしい行事はありますか？
水落 「昔から伝わる伝統の踊りや歌を守っていきたい。無理かもしれないが、山の資源がお金に換わる時代になってほしいね。そして村のなかで子どもたちの声をたくさん聴きたい」

　やはりここでも「子ども」を中心とした交流が求められていることがわかりました。また、辻又は、山菜やミョウガ、アケビなど、林産資源が豊富です。そしてこれらは東京に住む私たちにとっては、貴重な資源となっています。私は実際に山菜採りやミョウガ採りをしてみて、その量に驚きました。そこに価値を発現させることができれば、水落さんのいう「金に換わる時代」が来るのかもしれません。
（大嶋）

1）森林の管理や伐採が環境や地域社会に配慮して行われているかどうかを、信頼できるシステムで評価し、それが行なわれている森林を認証すること。

4日目　8月10日（日）　天気：くもり

辻又のおコメが美味しい理由

　朝、「峠の清水」で炊いた辻又の米を、塩むすびにして食べました。こころよい食感と美味しさが際立つ、食欲をかき立てるような良質なものでした。

　新潟県は、米を作る上で絶好の地理的条件を備えています。広大な平野とそこに流れる信濃川、阿賀野川など日本有数の河川があり、豊かな水に恵まれています。そして十日町市、小千谷市、魚沼市、南魚沼市、長岡市（川口）、津南町、湯沢町の5市2町で採れた米はとくに「魚沼コシヒカリ」と名乗ることができます。コシヒカリは、東北以南の都府県で広く生産が推奨されていて、耐冷性遺伝子を持ち、耐穂発芽性が難（穂の状態で発芽しにくい性質）という長所を持ちます。その玄米は小粒で丸みを帯び、その揃いが良く、腹白米[1]などが少ないと言われています。精米の外観や炊飯したときの粘り、

香り、光沢などが良好で、食味に関しては「上」の上です。ただ、農薬を多く使った米や、あまり美味しくない米と美味しい米とが、農協を通るときに混ざって出荷されているという話も聞きます。

　稲作に適した土地や気候風土には３つの条件が必要です。１つ目は水量が豊かなことです。稲の育成には大量の水が必要で、近くに大きな河川の本流や支流があることや、山の雪解け水が豊富な地域が適しています。山から下る水にはミネラル分が多く含まれており、水と一緒に多くの養分が運ばれてきます。２つ目は、稲を育てるところが広くて平らな土地であることです。効率よく農作業するには、機械が使いやすい広い土地が適しているのです。

　３つ目は昼夜の温度差が大きいことです。昼間のあいだ稲は日光を浴びて光合成をし、デンプンを作ります。デンプンの一部は稲の生長のために使われますが、夜間の気温が低いと余分なデンプンが消費されないで済みます。そのため昼夜の温度差が大きいとデンプンがたっぷりと蓄えられ、美味しい米になります。そして稲の生育にとって良い土の条件としては、養分、空気、有機物などを含んでいることが挙げられます。

　辻又はこの３つの条件のうち、２つ目の条件以外を備えています。

　辻又は水や気候には恵まれており、非常においしいコシヒカリが穫れます

が、山と山に挟まれた南北に細長い地形であるため、小さな田んぼが多く、大型の機械を使うことができません。このため大半の作業を人の手で行うことになり、労力がかかり、また収穫量も少なくなります。これが米作りを退廃させてしまう問題にもつながっています。

1）はらじろまい。米粒の腹側に不透明な白色をもち、炊き上がった米の外観が不良で、食味が良くないと言われている。

辻又米ブランド化の可能性

　夕食後は、それぞれが調査してきた内容を箇条書きで書き出し、プレゼンテーション形式で各自が発表しました。目で見たこと、耳で聞いたこと、肌で感じたこと、それぞれが考えていることを話して、何が問題で、どうすれば解決できるのか、夜遅くまで全員で議論しました。

　そこで挙がってきたのがブランド化の方法についてのアイディアです。普段私たちは商品を選ぶとき、無意識に「安い」「おいしい」「健康に良い」など、その商品の機能的価値によって判断しています。しかしこの機能的価値だけではコモディティ化[1]しやすく、差別化が難しいのです。特に米の場合、日本人の日常食であるため、その機能的側面に価値を見出しづらく、またすでに多くのブランド米が市場に出回っているため、いきなり「辻又産コシヒカリ」として売り出しても容易には成功が望めないのです。そこで、もうひとつのブランディングである情緒的価値[2]によって、まず消費者に「辻又」のイメージを形成していき、そこから米に結びつけていくことが有効であると考えました。これまではやや暗中模索の状態でしたが、この日の議論により活性化の方向性が少しずつ見えてきました。明日は、この「情緒的価値」を発見するための再調査を行うことに決めました。

1）商品が個性を失い、同一化してしまうこと。
2）製品の五感にかかわる属性やイメージなどから得られる価値のこと。

住人へのインタビュー〈3〉 佐藤眞一さん

2014年まで辻又の区長を務めていた佐藤眞一さん（65歳）に話を伺いました。

佐藤 「家族はわたしの親2人と、妻、娘、婿、孫4人です。子どものころはずっと辻又で生活していました。そのあと大工の修業のために東京へ行って、7年間、親方と呼ぶ人の家に同居させてもらって暮らしました。7年間のうち初めの4年は修業、つぎの1年は御礼奉公で、残りの2年間は給料をもらって働かせてもらいました。親方にはまるで息子のように面倒をみてもらいました。だから御礼奉公をしっかりしなければならないと思い、やっと7年たってから辻又に戻ってきました」

―― ずっと東京で暮らしたいと思いましたか？

佐藤 「そのときはそうだね、辻又に戻りたくないと思ったよ。でも東京は仕事をするには良いけど、住むにはあまり良くなかったかな。都会というのは慌ただしくて、どこか気が落ち着かないんだ。子どものころは山遊びをよくしたね。山菜や、木の実なんかを採りに行ったし、友だちとビー玉遊びをしてよく遊んだ。当時は小中学校が一緒で、小学生が40人、中学生が20人くらいで、生徒は全部で60人ほどだった。クラスは1学年ごとに分かれてなくて、1、2年生で1クラスという形だったよ」

―― お孫さんが4人いらっしゃいますが、将来も辻又に残ってもらいたいですか？

佐藤 「できればそうしてほしいんだけど、今の若い子は都会がいいよね。

こっちにいると苦労が多いから。それはやっぱり豪雪だね。冬場はとにかく毎日が雪との闘いだよ。

　幸せだと感じるのは、自然がのどかで、自由なところかな。いまもここに住んでいる理由としては、そうだな、まあ、しょうがなくて住んでいるかな。たまに独りになりたいと思うときもあるよ。知らないところへ行けば、独りになれるんだろうね」

—— この30年ほどで大きく変わったことは？
佐藤「住む人の数が減ったね。それこそ限界集落になっちゃった。もう5年くらい前から実感していたことだけど。記憶に残っているものとしては、2004年の中越地震かな。新潟地震（1964年）より大きかったからね。辻又のあたりは断層ではなかったので、被害は少なかったけど」

　佐藤さんのようなUターンのケースは、「地域開発が進み、地方でも雇用の機会がふえてきたこと、都市の生活環境の悪化から脱出をはかる者が多くなったこと、など」が主たる原因と考えられています。

　Uターンは3つのパターンに分類されます。
　都市志向一貫型のUターンは、「都会に対して変わらぬ好意的態度を持ちながら、郷里へUターンせざるをえなかったのは、『家のあとつぎのため』とか『家のすすめで』という家の事情や、他者からのUターンの誘いによるところが大きい」のです。
　都市－村志向変容型では、「予想していたほど実際の都会生活がよくなかった」ときにUターンします。この帰村動機には、「都会の悪いところを認識すると同時に郷里のよさを再認識してUターンしている面」があります。
　村志向一貫型のUターンは、「常に村へ志向していたという意味で、自発的・積極的Uターン」といえます。このケースは、「仕事あるいは勉学のた

め郷里をあとにしなければならなかった」などの事情があります。

　佐藤さんは、大工の修業のために東京に出て、一時は戻りたくないとは思いつつも、住みづらさも感じていて、都市－村志向変容型と村志向一貫型の両方の特徴を持つと考えられます。いずれのタイプにしろ、集落の情報システムの変化を見てみると、Uターンする人が内外を行き来し、外からの情報を集落に持ち込み、集落の情報を外に流出させるという、集落興衰の鍵を握る重要な役割を果たすと言えます。

　Uターンをネガティブにとらえている場合は、出入りする情報の質や、情報の出入りの効率が下がることも考えられます。

　7年間東京で生活しても辻又に戻ってきて住み続けているという、佐藤さんの辻又への想いが伝わってきました。今は限界集落と呼ばれていますが、人口が減ったために、逆に人との関わり（常会や集落のイベントでの交流など）が深くなったからこそ、集落に温かいまとまり（情報システム）が生まれたのだと感じました。

参考：小川一夫, 深田博己 (1977),「過疎地域青年のUターン行動の実証的研究」『実験社会心理学研究』16巻2号, 110〜120頁, 日本グループ・ダイナミックス学会。

5日目　8月11日（月）　天気：晴れ

隣接する後山集落

　この日は、気分の転換も兼ねて、交流会の際に教えてもらった近隣地区をめぐることにしました。隣の後山集落は辻又から山を越えて、車で10分ほど行った広く開けた土地で、大規模な水田がいくつも並んでいました。

　こちらの世帯数は50ほどで、小学校があり、簡易郵便局や商店もあります。小学校は全校で6名（2014年時点）しかいませんが、特別支援学校に認定されており、学区外からも生徒を募集できるため存続できているということです。運動会やコンサートなどのイベントが年に何回か催されて、小学校と周辺住民との交流がいろいろと行われています。

　学校が一つあるだけで、こんなにも集落の活気に差が出てくることがわかり、若者の存在の大きさを感じ、それだけに辻又小学校の廃校が悔やまれます。

後山集落にある商店

消えていく催事

　辻又では、昭和の時代には祭礼興行を行っていました。青年会では踊りや演劇、唄、芝居をやり、プロの浪曲師を呼ぶこともありました。祭礼には大勢の人が訪れるため、区長や役員の家に分かれて泊まってもらったそうです。

　踊りは花笠踊り、民謡なら地おけさ、伊勢音頭、茶つみ、津軽じょんがら節や八木節など全国の民謡のルーツともいわれる広大寺節[1]で、6月ごろから毎週習いに行ったそうです。時とともに祭りは変化していって、地歌（三味線音楽のなかでも最も古いもの）の踊りから、ダンスになります。劇や踊りのようにみんなが集まって練習するような演目は減り、1人でも練習が可能なカラオケが主流になっていきました。

　かつての辻又では、8月14日に辻又神社で祭りがあり、5月8日と11月8日には薬師堂のお参り、8月8日には観音様の周辺でにぎやかな縁日が、また辻又川の魚のつかみ取りなどの行事もありました。しかし今はどのイベントも行われていません。とても残念なことです。

　近年、こうした伝統芸能や伝説、神話、祭り、習俗などのさまざまな地域文化を電子的に保存・継承する「デジタル・アーカイブ」が注目されています。

　このように、ICTは「情報の劣化」を防ぐ効果があり、使い方次第では有効な情報システムを構築する手段となり得るのです。

1）隣接する十日町市にある曹洞宗の古刹広大寺に伝わる唄。広大寺の住職と門前の豆腐屋の娘との馴れ初め、その恋の評判が唄になって流行したという言い伝えがある。市の無形文化財に指定されている。

辻又の墓地

　辻又地区の道路は、数年前までは雪のために5月初めまで閉鎖されていました。雪で家の半分が埋まってしまうなど、地上にあるいろいろなものが雪の下になってしまうのです。墓地もそのひとつで、お墓参りをしようと思っても、墓石を見つけることができません。

そこで集落では、ここにお墓があるという目印として雪の上に小さなかまくらを作り、そのかまくらが目立つよう、緑の草をお供えしています。南魚沼市の隣にある十日町市でも似たような風習があり、埋まっている墓の上に雪の墓を作ってお参りしているそうで、この周辺の独特な風習であると言えます。

　お盆の時期には、お墓を笹竹で山の形に覆っています。こちらも珍しい光景です。お盆には盆棚・精霊棚を設け、ご先祖様の霊を迎えるための供物を飾り、笹竹を飾るのは結界を張るためという説があります。笹竹はとても根が強く、成長がものすごく早いことから生命力の象徴とされ、その葉は殺菌力が強いため、魔除けとして利用されるなど古くから神聖なものとして扱われてきたそうです。また、中が空洞になっているため、そこに神が宿るとされ、更にご先祖様が地域に降りてくる際の目印にするようになったとも言われています。

　次頁の写真で一番左にある、人の形をした像は、辻又地区を創始したご先祖様を祀ってあるそうです。その隣の二つの墓石には、ご先祖

様の名前が彫ってあったそうです。

　このように、墓地ひとつをとってみても、集落の皆さんのご先祖様を大切に想う心がよく表れており、それぞれ生まれ育った土地に愛着が持てるという、心理的な礎になっているような気がしました。「遺された人たちの想いをしっかりと彼岸へ伝える」、これもまたひとつの「情報システム」と言えるのかもしれません。

住人へのインタビュー〈4〉 佐藤重夫さん

　辻又集落では最年長の佐藤重夫さん（85歳）に話を伺いました。佐藤さんは現在、奥様と2人住まいです。

佐藤　「生まれてから終戦の年（1945年）まで辻又で暮らしていました。そのあと東京に行って13年間生活しました。叔父が東京で肉屋をしていたので、それを手伝っていましたよ。辻又に戻ってきたのは、私の親戚がここに住んでいたからです。本当は兄が戻る予定だったけど、雪嫌いな性分なもんで、結局私が戻ってくるしかなかった。

　それからは米作りを手伝っていたけど、自分は体が小さかったから米作の仕事が大変でね、機械を買ってもらったけど、機械作業もあまり好きじゃなかったな。せがれに手伝ってくれるように頼んでみたけど、断られたので、もう田んぼ仕事はやめてしまった。

　自分は7人兄弟で、当時はまわりに8人兄弟の家もあったりしてね、とにかく各家に子どもが多くて、みんなで杉林でかくれんぼをしたり、山歩きをしたりで遊んだもんだ。女の子は学校の休み時間に、手まりやなわ跳びをしていたなあ。あのころはそんな遊びで、ホタルを捕まえるために草ぼうきを作ったり、何をしても、楽しかったな。

　小学校までは、みんな辻又にいたけど、そのあとは東京に行く者が多かったね。名古屋に行った人もいた。自分の妹も名古屋に行った。当時は、女の子の3人に1人は紡績女工になったね。百姓の仕事はきつかった。自分は体が小さいから特につらくてね、それに比べると、肉屋さんの仕事は楽だったなあ。嬉しいといえば結婚したときで、本当に嬉しかったことをおぼえているよ」

―――　辻又に住み続けている理由は？
佐藤　「おじさんと、おばさんが住んでいたからかな。今は毎月1回、集落の常会[1]があって、それが楽しいね。みんな一緒に集まって話をしたり、困りごとの相談とか、まあいろいろだなあ。良いことも悪いこともあるさ。道路が整備されて、きれいになったことは、よかったね。古い話だけど、肉屋の商売をやめて、辻又に戻るために6時間も電車に乗っていたときは、死にたいと思った。絶対に辻又へ戻りたくなかったからね。戻ったら、この小さい体で米作りだから大変さ。雪の上を歩いて道を作るときも、つらいよね。カンジキを履いて、毎朝交代で立って、道札番[2]をしたりね」

―――　辻又で復活してほしいことは？
佐藤　「盆踊りや、にぎやかなお祭り。盆踊りは、若い人たちが何人もやぐらの上で踊っていたもんだよ。昔は、悪いことをすると辻又の祭りに行けないよと言われるくらい、お祭りはにぎやかで有名だった。運動会もやることは今も昔も一緒だけど、昔は参加する人が多くて、にぎやかだったね」

　辻又の祭りは特ににぎやかで、よその集落の子どもも楽しみにしていたことを初めて聞きました。よその集落の子どものことを、「ねら」[3]と呼んでいたそうです。近隣の集落を交えてお祭りを行っていたということは、それらの集落間を結ぶ情報の経路（情報システム）が存在していたということです。今はそうした催事も減り、情報システムが縮小してしまっていることがわかります。

---

1) 定期的な会合のこと。
2) 雪道を歩く子どもが迷わないように、道を示す板を持って立っていた。
3) 新潟の方言で「お前」という意味。

6日目　8月12日（火）　天気：晴れ

写真や動画で集落の魅力を

　朝食後のミーティングで、「情緒」に訴えかけるためには、写真だけでなく、動画による情報発信が有効であるという意見がまとまりました。景観の良い場所や史跡を探して、人の五感に訴えかけるような写真や動画を撮る作業を行いました。

上田平から見た景色

辻又で見た虫

　都会では、ふとしたときに虫の鳴き声を聞いて耳を澄ましますが、辻又集落ではそれがごく自然に耳に入ってきました。まるで虫たちと共同生活をしているように。私は虫が苦手というか、むしろ大嫌いで、普段は避けていました。辻又に滞在した当初は、夏だったこともあって虫がたくさんいるように感じ、背筋がゾクッとするほどでした。

辻又に来て1週間ほど経つと、あることに気がつきました。虫は、朝は姿を見せながら大きく音を鳴らしていますが、夜になるとどこからか幻想的にそれぞれの音を鳴らしています。夜は、灯りがもれる多目的センターに虫たちがたくさん集まり、その群れ寄る姿態を見せてくれました。外に出て暗がりで耳を澄ますと、純粋に虫の音だけを聞くことができ、それが自然だと思うと、苦手ではなくなりそうでした。でもセンターの窓ガラス一面に蛾が固まって張り付いているのを見たときは、さすがに寒気がしたことを鮮明に覚えています。辻又集落には街灯がないため、夜は真っ暗で、虫たちはただ光源めがけて集まってきます。

　車から降りて山のほうへ登っていくと、「ぶーん」といった音が耳元で鳴り響きました。「山には虻（あぶ）がいるから気をつけて」と集落の人から言われたことを思い出し、その途端、耳元で鳴る羽音や、樹葉が生い茂った山道を通るのが怖くなりました。仲間と一緒になってわざと体を大きく動かし、虻が近づいてこないよう汗だくになって歩きました。血をもとめて近づいてくる虻は、逃げても逃げても追いかけてきました。山の中では、都会では見たことのない種類の虫を多く見かけ、バッタも東京のバッタよりはとても体が大きく、あちこちで飛び跳ねていました。ほかの虫もみな大きく、たくましく見えました。姿は見えなくても、聞こえる音の数から非常に多くの虫がいることがわかります。暑さと恐怖で汗をかきながら歩き、頂上に到着しましたが、「ぶーん」という音は鳴りやみませんでした。帰り道に、仲間と騒ぎながら山を下っていく途中で一匹の水色の蝶が羽ばたいており、その美しさに思わず足が止まりました。

　今までは恐怖心しか感じていなかった虫ですが、別の視点から考えてみると、虫たちは生態系[1]を守るための大事な役割を担っていることがわかります。畑の野菜に「虫がつく」というのは、その野菜が弱っている証拠だそうです。元気な野菜には虫がつきにくいのです。虫が寄ってくると、それを駆除するために農薬が使用されます。人間に置き換えてみても同じです。体が弱っているときはウィルスに感染してしまい、薬を飲んで治療します。またミミズが畑の有機物を食べて、植物の生育環境をよくすることが知られて

いますが、こうしてみると、虫にもいろいろな見方ができるのだと思いました。農作物の状態という情報を伝えてくれる彼らもまた、ICTと同じ「情報の媒介」かもしれません。

（大嶋）

1）特定のまとまった自然環境とそこに生息する生物で構成される空間のこと。

辻又の歴史

　辻又の起源は古く、源平の雌雄が決した壇ノ浦の戦いまで遡ることができます。1185年に、平氏の残党軍であった水落家の先祖が住み着いたことが始まりとされています。その後、1219年に源氏が滅びた後、佐藤家の先祖が住み着き、川に箸が流れてきたことで、上流に人が住んでいることに気づき、ともに集落を起こしたということです。

　江戸時代になると規模が大きくなり、「辻又村」を形成していきました。長い歴史のなか、数回にわたって近隣の村との境界争いが起こっています。戦(いくさ)が起きると、断崖の上(要害山)を砦として立てこもって防戦していたようです。

　江戸の頃は、辻又神楽舞や辻又花火、辻又歌舞伎などの興行もさかんだったようです。辻又花火は、打ち上げ花火はもちろん、現在も残っている不動堂の大杉から道祖神の大ケヤキの間に火薬を仕込んだ100間の縄を張り点火

> **ポイント**
>
> ### エピソードメイク
>
> このように、辻又には興味深い歴史が埋もれています。たとえば、これらの歴史を活かした「エピソードメイク」によって、地域のブランディングができるのではないかと思います。また、これらの情報を広く発信することで、研究者や歴史に興味のある人たちを呼び込める可能性も秘めています。また、昔のイベントを復活させることで活性化に成功している地域もあります。歴史を調べることで、辻又には活性化の起爆剤となる資源が多いことがわかりました。

する花火（いわゆる現在のナイヤガラ）は圧巻だったそうです。神楽舞や歌舞伎は、他村へも興行に行くほどでした。残念ながら、これらの興行のほとんどは今では失われてしまいました。

　佐藤家には、当時の馬の轡や古文書が残っていて、薬師堂付近の墓地には、そのころの石碑もあります。佐藤さんのお宅で、古文書や馬具を実際に見せていただきました。とても貴重なものです。

生計を立てる　～明治から昭和初期の暮らし

　辻又は明治期までは自給自足の生活をしていました。その後、現金をもたなければ暮らしていけない大正時代へ移り、農家の経済の中身が変わっていきました。当時はこの地元でとれた米だけでは足らず、近隣集落から米を買わなければなりませんでしたが、現金を得ることが困難な時代です。そこで「かじご」[1]という炭を焼いて、それを鍛冶屋さんに買ってもらっていました。

　「白炭」という木炭を作る技術が普及しはじめ、この炭であれば町場の一般家庭で使用するため、広汎な需要が期待できました。不安定で当てにできない人足仕事よりも、自分が働いただけ着実に収入を増やせる炭焼きは、苦労もたくさんありましたが、貴重な収入源でした。こうした現金があれば、お米を購入することができます。大正初期になってはじまった白炭焼きは、30年ほどで集落では17、8軒をかぞえる事業に成長し、昭和40年代まで集落の経済に貢献しました。

　昭和30年代半ばには、辻又では農家の主人が出稼ぎに行くようになりました。そして40年代に入って地元の土木事業が盛んになると、土木関係の会社で仕事をするようになり、仕事が途切れたときはほかの集落まで出かけるようになりました。40年代半ばになると、集落のほぼ全戸が出稼ぎに行くようになり、建設業中心であったのが、生産工場へ出かける人が多くなります。春先の収入源であった杉材切り出しの仕事では、住み込みで従事することもありました。出稼ぎの収入が増えると、どこか決まった企業に就職して、その傍らで休日に農業をする兼業農家になっていきました。そのために山間地は人の足が遠のき、過疎化し、手間のかかる山田は見放され、休耕政策もあって土地が荒れてしまいました。

　現在の辻又では、ほとんどの家が兼業農家になっています。ユリの花を山間で栽培して、それを売って収入源にしている人もいます。

1）鍛冶に使う木炭で、松や栗などで作られる。

自然とのたたかい

　辻又のように豊かな自然に囲まれていることは、けっして良いことばかりではありません。1896（明治29）年２月には村の南側にある峠沢で表層雪崩[1]が起きて、このときは死者も出ています。峠沢の岩清水は夏は冷たくてとても美味しいと言われていますが、季節によって自然はこのように表情を変えるのです。このとき村に事態を通報した人は、カンジキ[2]を雪崩の下に残したままであったことが記録に残っています。南道は４km先の浦佐とつながっている重要道路であり、雪崩が起きないように、あえて山の斜面に切れ目を入れる工事を行っています。辻又にとって生命線である道路ですが、冬のあいだは危険なため閉鎖されています。

　1934（昭和９）年は５月に入っても平地に１mの雪が残り、大凶作の年になりました。そのときは朝鮮半島で農場経営をしていた水落清一郎氏が、親類と辻又集落の人々に米を送って救援したそうです。

　1969（昭和44）年には大水害が起こりました。８月12日夜、南魚沼郡大

和町全域に大雨が降り、柿ノ木口という道路が破壊され、村のあらゆる川が氾濫して主要道路が破損しました。町役場や県の土木課から10日間にわたって調査団がきて、そのあと集落の完全な復旧には３年もの月日を要したそうです。

　そんな辻又集落の家の外見は、雪を落としやすいような屋根が特徴的でした。雨戸もシャッターや大きな木の板状のものではなく、窓に金属のフックのようなものがたくさん付いており、そこに細長い板を掛けるようになっていました。雪が積もると、窓ガラスに直接重みが伝わり、割れないようにするもので、窓ガラスが割れるほどの雪は、私には想像がつきませんでした。

　また、昔風の雰囲気の外見に対し、内装はリフォームしている家が多かったようです。積雪が多いため外装こそ強化するために改築しているのではないかと思っていたので、驚きでした。またリフォームした内装の中に、古い黒くて太い柱を残している家もありました。毎年毎年、雪の重みに耐え、住居を支え、今もなお、家を支え続けるほど丈夫に建てられて、厳しい冬をいくつも乗り越えてきたことを感じました。

―――――――――

１）積雪の上層部だけが滑っておこる雪崩。
２）雪の上を歩くための木製の民具。

「辻又の歴史」年表

1185（文治元）年	壇ノ浦で平家亡び、その残党が各地に離散。水落家先祖辻又ヤゴに住みつく。
1219（承久元）年	源氏が亡び、佐藤家先祖辻又のアラヤに居を据える。
1316（正和5）年	越後の乱起こる。辻又住民は防戦するも追われ、要害平を最後の砦として戦ったが、裏切り者のために敗れ、大多数殺される。当時、アミダ屋敷を中心に70軒ほどあったと言う。
1595（文禄4）年	太閤地検あり。
1615（元和元）年	水落家祖先、大阪落城戦に参加。帰国はお籠にて、種子島銃を持ちて帰りたると言う。お籠、火縄銃とも現存。
1725（享保10）年	小出の大火。102戸焼失と記されている。
1765（明和2）年	不動堂（辻又神社）の建立。
1798（寛政10）年	渡辺恒右衛門宅に旅の武士が病で倒れ込み、全治するまで親身も及ばぬ介抱をすること半年間、その御礼に剣術を教わり、極意虎の巻物を授かる（現存）。
1800（寛政12）年	辻又神楽舞が盛んとなる。十日町赤倉、下條慶地、川口田麦山へ指導に出る。他部落へ興行も行う。
1812（文化9）年	辻又花火。打ち上げ花火もあったが、見ものは綱火で、不動堂の大杉から道祖神の大ケヤキに百間の長さの縄を張り、火薬を仕込んだ縄に点火すると、火粉さながら大ナイヤガラの如しと伝えられる（仕掛花火元祖）。
1816（文化13）年	辻又歌舞伎盛んに行われる。他村興行も打ったと伝えられ、役者の若い衆が仕事を忘れて親困りたると言う。演しものは太閤記、源氏もの、八段目、二十四孝、藤原寺、千代萩、花たすき等であった。
1828（文政11）年	堀之内大火。家屋185、土蔵物置38が焼失。
1845（弘化2）年	辻又と下稲倉、境界争い。
1868（明治元）年	戊申戦争。会津攻めに佐藤茂右衛門祖先が参加。三本槍を持ち帰りたると言う。

1878（明治11）年	峠の岩清水の大雪崩。松衛門のオジらが巻き込まれて死亡。庄右衛門の八木へ婿に行ったオジ（18才）がかんじきを雪の下に残し、時には這いながら村に知らせたと伝えられる。
1910（明治43）年	不動明王と十二山大明神合祀、辻又神社となる。
1930（昭和5）年	砂防工事始まる。日当は男子65銭、工事額は10,500円で、最盛期は村人55人が稼働したという。
1942（昭和17）年	辻又橋より林道開墾。人力改修。東京地区の辻又出身者の高額寄付を仰ぐ。
1945（昭和20）年	待望の電灯燈る。
1953（昭和28）年	大沢ヶ平、5ヘクタールの大規模植林。全て村人夫で仕遂げる。
1955（昭和30）年	辻又消防にガソリンポンプ設置。
1957（昭和32）年	動力線（三相）配電。多くの農家が脱穀設備をした。
1960（昭和35）年	一村尾・辻又間で自動車道路が開通する。
1961（昭和36）年	簡易水道が完成する。井上万四郎町長の勧告により事業に着手。秋には完工通水。当時は機械がまだなく、道路を全部手掘りした。
1964（昭和39）年	薮神農協政府米保管辻又支庫を設置。
1969（昭和44）年	44水害。8月12日夜の豪雨で地域全面に被害。復旧に3年を要する。辻又道路が県道に指定される。
1976（昭和51）年	ヤゴ林道事業が着工される。
1978（昭和53）年	辻又神社、道路改修により現在地に遷宮。
1983（昭和58）年	集落内道路に消雪パイプを設置。辻又小学校廃校。
1984（昭和59）年	59豪雪。旧小学校を地域集落センターに指定。

出典：つじまた記念誌事業実行委員会（1986）『つじまた』をもとに編者作成。

住人へのインタビュー〈5〉　水落ヨキノさん

　集落の南側にある水落ヨキノさん（81歳）のお宅に訪問して、話を聞きました。現在は一人住まいです。

水落　「21歳になるまで隣の十日町に住んでいたから、この辻又へは結婚してからやってきました。十日町にいたころは、冬のあいだは出稼ぎに行ってね。雪がたくさん積もると、畑仕事もできなくなってしまうから。だから11月から4月までは、東京へ行って、お蕎麦屋さんで働いていたよ」

―― 雪は多いときは5mも積もってしまうそうですね。出稼ぎは10代後半の頃でしょうか。つらくなかったですか？
水落　「いいや、楽しかったよ。仕事は大変だったけど、東京の生活は楽しかったし、あの頃は映画館に心がわくわくしながら行ってたな。つらかったといえば、十日町から東京まで汽車で7時間もかかったことかね。昔の汽車は固い椅子で、ずっと座っていると、お尻がだんだん痛くなってくるんだ」
―― 古い映画でも見ているようなシーンで、私には想像がつかないです。

―― これまでのご苦労は？
水落　「雪だね。冬はとにかくたくさん降って、積もるんだから。男は都会に出稼ぎに行くでしょう、だからそのあいだ男手がないのさ。それで女たちがみな屋根に上って雪かきをするんだ。これが本当に大変でね。力仕事だし、危ないし、でもやらないと家が潰れてしまうし、まったく死

ぬ思いだった」

―― 東京の雪かきなんかとはまったく別物ですね。冬場に辻又へきたとき、積もった雪の量に圧倒されました。これまで幸せと感じたことは何でしたか？

水落 「東京オリンピックの前ごろだったか、テレビが普及してきてね。まだ白黒テレビなのさ。一般家庭に置いてなかった時代だから、集落の体育館に大勢で集まって、みんなでテレビを見ていました。賑やかで、とても楽しかったな」

　平均初婚年齢を比較してみると、1950 (昭和25) 年の日本では女性が23.0歳、男性が25.9歳、2012 (平成24) 年になると女性が29.2歳、男性が30.8歳と、60年間でかなり初婚年齢が上がっていることがわかります。昔は男女とも結婚適齢期になると、近隣の村落に住む男女で行う「見合い婚」や、親同士の話し合いで決めてしまう「取り決め婚」が多かったようです。そのために結婚が早かったのでしょう。

水落 「昔の同級生はみんな十日町にいてね、還暦を過ぎてからは、毎年集まって同級会を開いているの。最初は28人いたんだけど、だんだんと減っていって、今は15、6人くらいになってるわ。今年は、私は参加できなかったけど、3人、2人と少しずつ減ってきているらしいね。さびしいなあ」

―― この辻又に住み続けている理由はなんですか？

水落 「もう亡くなってしまったけど、私のせがれがずっとここに住んでいたんだ。いま私一人で、ほかの場所に移り住むわけにもいかないし、しょうがないんだ。だから、辻又に住んでいてよかったと思うことは、何

もないなあ。ここは山しかないからね。春になって山菜などの天然食材を食べられることはよかったと思うかな。遠くから人がわざわざ辻又までできて、山菜を採りにやってくるぐらいだからね。若いときは都会にあこがれて、出ていきたいと思ったこともあったけど、こうやって住んでみたら、なかなか離れられないんだよね。

　戦争時代は、空襲があって、黒い幕を家にかけて光が漏れないようにしていたんだよ。今の若い子たちは空襲を体験したことがないのだもんね。
　あなたたちみたいに辻又へ来てくれたら、こんな話もできるんだね。ありがとう」

このように私たちがヨキノさんの体験を聞くことが、情報の循環を促進していることにつながるとわかりました。私たちが訪問することで、集落の情報システムにも少しずつ変化が表れているようです。

（大嶋）

7日目　8月13日（水）　天気：晴れ

別れの日、人の温かさ

　最終日は多目的センターの清掃と、お世話になった人たちへ挨拶にまわりました。また、これまでで一番天気が良かったので、すでに撮影した写真や動画を撮り直してまわりました。

　そのとき、たまたまお盆で墓参りに来ていた元集落の住民の方に話を聞くことができました。集落を出た理由を訊くと、年齢を重ねるごとに生活の不便さを感じるようになり、やむを得ず離れることになった、と話してくれました。特に冬の寒さの厳しさは身体に堪える、ぜひ冬にも来てみて欲しいと言われました。

　辻又に着いた日から、実地調査をするために私たちは集落を歩き回りました。すると、畑仕事をしている人が手を止めて「どこから来たの？」などと声をかけてくれました。

　2日目からは実際に話を聞いていきましたが、驚いたのは、「よかったらウチに入って！」と家の中に入れてくださり、お茶やお菓子などを食べながらお話させてもらったことです。

　何日か経つと、近くに住む人が、わざわざ多目的センターに漬物を届けてくれました。私たちが山のほうへ行きたいというと、道を教えてくれたり、カマや長靴などを貸してくれました。ゲートボールをしている集落の人たちに会ったときは、仲間に入れてもらい、やり方を教えてもらいました。

　最後の日の別れ際、「来てくれてありがとう」、「寂しいな」、「いつでも待ってるからね」と言いながら泣いて話してくれたときは、私も思わず涙が溢れました。

（野谷）

辻又の青空

　辻又での滞在を通じて、私が一番伝えたいと思ったことがあります。

　フィールドワークを目的とした辻又での生活では、さまざまな場所を訪れ、辻又の魅力である豊かな自然を体感しました。自然の恩恵を受けながら美味しいお米を作っている辻又。集落全体に深い緑が広がっており、都会では見ることができない景色を多く見ました。辻又にはひとつとして同じ風景はありませんでした。その時間しかない景色、その景色の変化を辻又では楽しむことができました。辻又に住んだら、毎日が楽しみだと思います。

　春には、田んぼの周りにタンポポなど色とりどりの花が咲き、夏は大きく実った稲穂、秋には稲が実り、冬になると一帯を覆う雪景色を見ることができ、四季の変化を楽しむことができます。

　また辻又には数多くの絶景スポットがあります。その中でも私が一押しする絶景は、雨が上がった後の空です。私たちが滞在した一週間は、ほとんどが曇りか雨でした。しかし、最終日である13日にようやく晴れ間が見えました。雲一つなく、青の絵の具をこぼしたような綺麗な色をした澄み渡った空でした。この青空を初めて見た時は、本当に心が洗われるようでした。日

本には近年、「死ぬまでに行きたい絶景」と称された数多くのスポットがあり、話題となっています。辻又に広がる青空は、これらの絶景スポットに肩を並べると思います。

　私があの夏に見た空の青と、大きく実った棚田の稲穂や、木々による深緑が色鮮やかに広がる辻又は、今まで見てきたどの景色よりも綺麗でした。緑のじゅうたんが広がっているかのようでした。この景色を見て、自然の大きさを感じ、心が癒されました。この景色を見た感動はぜったい写真では伝わりません。ぜひ一度辻又に訪れ、絶景を体感してほしいです。　　　（丸山）

KJ 法から辻又を考える

　私たちは辻又集落に滞在している間、昼間の野外調査や地元住民へのインタビューから得たいろいろな情報を、夜のミーティングで付箋紙に書き出し、KJ 法で整理して、次に何を調べるべきかを議論しました。滞在 2 日目の自然環境の調査、3 日目の全戸訪問や交流会からわかったこと、思ったことを各自が書き出しました。内容が重複していると考えられる付箋は重ねて、類似する付箋は 1 か所に集めてグループ化し、それぞれグループに名前を付けて整理していきました。

「工場」グループ
- 木を加工する会社
- 自動販売機
- 彫り物会社
- クマとタカの木彫り

「観音」グループ
- 観音前の目立つ木
- 観音様 5/11、5/18、8/8 なぜこの日？
- 観音に向かう道に緑の葉と落ち葉

「集落」グループ
- 地域づくり協議会
- おばあちゃんが明るい！
- 作業している人の少なさ
- さいたま率の高さ
- 車のナンバー長岡（1 台相模）
- 鍵かけない
- 青少年健全育成委員会
- 複雑に入り組んだ川
- 車通りの少なさ
- 商店なし
- 午前中に戻ってくる車の多さ
- 渋いトラック
- 空いている家に出ていった子供が戻ってくる可能性あり
- 作業している人の少なさ

「自然」グループ

- 地形、雪で山が削れた？
- 上田の平
- あみだやしき
- 雪3mつもる
- マイナスイオン
- 断層
- 貝が張り付く地層
- 南魚沼市を一望できるポイント
- あみだやしきのような場所の人口の草が不自然に短くなっている
- 霧

「道」グループ

- 冬季の山道封鎖
- 2手に分かれるルート
- 人の通った跡のある何もない道？
- どこまでが辻又？
- 道なき道
- 林道ヤゴ平線
- 折れている標識、ガードレール
- 川はどこから降りられる？

「建物の特徴」グループ

- 倉庫の数
- コンクリートでできた壁
- コケの階段
- 階段がない
- 高い位置にある家？
- 建物の老朽化
- 新しい手すりとガードレール

「植物」グループ

- めちゃめちゃ大きい瓜
- 自家栽培
- ヤゴ平橋歩いていると赤い実
- 野イチゴ
- トウモロコシ
- 野菜
- ハイビスカスみたいな花（ピンク、赤）
- 2〜3mの草
- 山菜

「田んぼ」グループ

- 棚田だったと思われる土地
- 花と田んぼ
- 田んぼアート
- 稲穂の緑色
- 刈り取り測定器
- 緑のじゅうたん
- きれいに耕してあるのに何もない畑
- 耕作放棄地
- 雨の日に草刈がいいらしい

「屋根」グループ

- 屋根のとんがり
- かやぶき屋根
- 所々の雪対策
- 家の窓の長さ

「生物」グループ

- カニ歩いていた
- ハムスターみたいなネズミ
- 番犬
- 色がきれいなトカゲ
- 猫がかわいい
- ハト、カラスが少ない
- カラスの鳴き声
- 1センチほどの小さいカエル
- 侵入をこばむような大量の虫

「水」グループ

- ため池
- 峠の清水
- 水が流れているところの厳重な柵
- 池にはってあった緑の物体
- 川の水の利用
- 魚いるのか
- リングに出てくるような不気味な井戸
- 滝
- 清流
- 常に水の音がする
- 砂防ダム

「イベント」グループ

- 雪まつり
- 山岳マラソン

「建物」グループ

- スクールバス乗り場
- 区長所
- 農協
- 古民家
- 廃材置き場
- 避雷針？
- 用途不明の建物
- ゴミ回収の小屋
- 木材置き場

「神社」グループ

- 像4つ
- 神社の賽銭箱がなかった
- 薬師堂
- 開墾記念
- 草原の中にポツンとあったオブジェ
- ドラム缶で囲われていた消火栓
- 3段に積みあがっていた石
- お墓
- 道祖神
- 神社（石碑）
- 5月8日、11月8日にお墓まいりするのはなぜ

Chapter 2　辻又で「限界集落」を体験する

「橋」グループ

・クマに注意
・ふさがれた橋
・橋の多さ
・川を渡っている黒いホース、ワイヤー
・小千谷大和線
・1つだけ新しくなっていた手すり

「分類不能」グループ

・玉ねぎのにおい
・ゴミとか燃やしたあと
・6つ積み重なっていた石の板
・道端にあった捨てられた？謎のブルーシート
・カメのキーホルダー

　4日目には、更なるグルーピングを試みました。「自然」と「史跡」をテーマにしてみたところ、以下のような特徴が上げられました。

　細長い形の集落に沿って辻又川が流れているため、どこにいても水の流れる音が聞こえてきます。この澄んだ雪解け水と、粘土質の土壌、適切な気温と日照時間などの好条件が重なり、辻又では非常に美味しいコシヒカリが採れます。また標高が高いために、眺望のひらけた場所が多く、林産資源も豊富です。6月下旬から7月中旬にかけてホタルの大群が見られたり、地層や貝の化石が見られるジオサイトがあったり、平氏の残党と源氏の一派が手を

自然

・辻又川
・山の幸が豊富
・大桜
・貝の化石
・名水『峠の清水』
・火山灰の地層、雪食地形
・上田の平からの景観
・蛍の大群、その他昆虫や野鳥
・空気が澄んでいる、星空が綺麗

史跡

・辻又神社
・薬師堂
・観音様
・歴史ある古民家
・名水『峠の清水』
・源平にまつわる歴史

取り合って集落を興したというユニークな伝承も残っています。

　このような調査を経て、徐々に辻又のことを理解していくと、さらに新しい疑問が湧いてきました。滞在も後半になると、辻又の人たちとも打ち解けていき、毎日のように家に上げてもらえたので、こうした疑問を明らかにすることができました。わからないことはすぐに訊いて、夜には議論してまとめ、さらに疑問が湧き、翌日に再び話を聞く…ということを繰り返しました。調査の後半では、付箋に言葉を書き出すのではなく、わかってきたことを詳しく文章で書くようにして、お互いの調査内容と意見を交換しました。5日目に付箋に書き出したことは、以下のような内容です。

後山集落の調査結果

- この辺の建設業の方は雪かき上手
- 貝の化石もろい
- プールは1km離れた旧校舎に車で行く
- 商店あり
- パソコンで手紙を作り地域の人へ返す「あいさつ郵便」
- Smart Board
- 校舎の中で給食作り
- 簡易郵便局（マニアが来る）
- 校長は和楽器好き
- 体育館は地域の人に開放
- 特認校
- 特別支援
- 1階のホールでコンサート
- 建築大賞
- スクールバスは中学、小学通学や部活にも
- 読書運動（欲しい本を買ってもらえる）
- スクールバスの時間調整が大変
- 生徒12人、教員10人
- 後山ブナ林公園（新潟県森林浴の森百選）
- 生徒内訳（後山5人、辻又1人、学区外6人）
- 大和田中学区（三用、赤石、浦佐、大崎、後山、藪神）
- 川に降りるところなし
- クロスカントリースキー
- 2学年で1クラス
- 夏やすみはプール開放
- 大きなため池
- プールで水泳大会
- 田んぼは地域から借りて実習に使う
- 農薬
- タヌキ
- 除雪の技術

辻又について子供たちから聞いたこと

- グラウンドが広い
- 都会で食べる野菜よりおいしい
- 米がおいしい
- 多目的センター
- 辻又川
- 友達を呼びたいけれど、辻又が遠くて呼べない
- ほかに子供がいなくて寂しい、暇
- 普段は、バドミントンとかセンターで遊んでいる
- 将来、住みたいとはあまり思わない

辻又について集落の人から聞いたこと

- 仕事の関係で出ていく人が多い
- ホームページを作ったけど使っていない
- 辻又に住んでも収入がない
- 辻又集落はなくならないでほしい
- 山菜を売りたい
- 都会に出て戻ってくるのは難しい
- 子供たちがいてくれたら都会からも遊びにきてくれる
- 南魚沼は新幹線があり便利
- この集落は発信力がない
- 冬はスコップが大事
- パソコンの使い方がわからない、若い人に教えてもらいたい
- 明るい辻又を作りたい
- 辻又の山を活かしたい
- 山菜採りも齢でいけない
- 地震が来る前に山菜を買い取りに来る人がいた
- 災害が少ない
- お宝マップはみんなで作った
- 米がおいしい
- 住みやすい
- 子供がいなくて寂しい
- 冷たい水でおいしいお米
- いいところを知ってもらいたい
- 子供がいなくて寂しい
- にぎやかだったのに、今じゃ話にならない
- 47軒あったが今では20軒に
- やっぱり田んぼしかない
- 魚沼伝修館
- 辻又橋
- 水の音しかしない
- 自然乾燥
- 観音様
- 杉の木
- 八王子に山菜売りに行く
- 個人的に静岡に米を送っている
- 薬師堂　目の神様

- お盆は空き家に泊まりに来る
- お参りする人が少ない
- 皆をどうやって巻き込んでいくか
- 昔はこうだった、今更変えなくても…
- 信用を得るには時間がかかる
- 2、3世帯の共同住宅が多い
- 新しい風を入れたい
- 人口の少なさ、活性化にも限界がある
- 景色から雨、雪のうごきが見える
- 医者
- 小さなことに幸せを感じる
- 集落になじめない人
- 子供の遊び
- ヤイロスイカ
- 外部の人、傍観者になりがち
- 不便を楽しむ
- 郷土料理
- 雪がたくさん降るから人がいなくなる
- 田植え機、トラクター、稲刈り機
- ニジマス獲りは去年まで
- 人がいなくなって一昨年から盆踊りができなくなった
- 高齢の人が社会的な行動を起こすべき
- 新たな特産品を作る動き
- 水のきれいさだけでなく、冷たさにも米の味は左右される
- D工業で働く兼業農家が多い
- 乾燥機は1日、はざかけは1週間
- 山の上のほうで作っている米ほどおいしい
- 林業の衰退
- 湿地帯のほうが稲が深く根を張る
- 乾燥機より自然乾燥のほうが米がうまくなる
- 山岳地帯にある田は管理が難しい
- 混米問題
- 辻又で使うのは湿地米
- 放農地をもったいないと思っている
- 築100年を超える家屋
- 赤字でも米を作る理由は自作の米を食べたい、土地を守りたいから
- 昔は狩で生活している人もいた
- 大学生が管理する田がある
- 昔は東京から祭りに参加する人もいた
- 外国人のお嫁さん
- 外部の人から見ると封建的な村
- 農機具は修理代も高い

　以上のような、現地滞在中の野外調査とインタビューからわかったこと、すなわち「情報」を東京に持ち帰り、辻又の魅力と、課題について整理しました。

「辻又の魅力」
- とにかく米がおいしい！
    - きれいな水、粘土質の土壌、山間の適度な日照時間
- 川の水がきれい
    - 名水として近隣から汲みにくる人も
    - 浅いため、魚や生き物が少ない（昔は岩魚がいた）
- 花の栽培
    - 商品として浦佐周辺の店に卸しているご家庭も
- 四季折々の景色
- 山菜が採れる
- 周辺集落との交流が盛ん
    - ゲートボール
    - 運動会
    - ニジマスのつかみ獲り、盆踊りなども行っていたが、今は開催されなくなった
- ユニークな歴史・史跡
    - 源氏と平氏の末裔が仲良く暮らしている
    - 築100年を超える家屋が多い
    - 火山灰の地層、貝の化石
    - 石塔
- ホタル
    - 6月中旬から7月中旬にかけて、大群が見られる
- 交通アクセスが良い
    - 関越道 大和ICや上越新幹線 浦佐駅から車で15分
    - 但し、冬期は南道は閉鎖される

その一方で、辻又集落に関する多くの課題も明らかになりました。

「辻又の課題」

- 耕作放棄地が多い
    - 地形の関係で車や農業用機械が入れない田畑が多い
    - 資金・人手不足
- 米の流通問題
    - 買い取り価格が一律で、他地域の米と混ぜられてしまう
    - 自主流通が一番良いが、そのための人手が足りない
    - 大規模な田んぼを確保できず、利益が出ない
    - 生産量が少ない、自分たちで消費する分を除くと流通可能な量はわずか
- 獣害対策
    - 特にタヌキ、カモシカが野菜を食べてしまう
    - 対策をしたくても、資金・人手が足りない
- イベントが減った
    - 人が減り、開催されなくなる
    - 年配者の活力がなくなる
- 交通手段の欠如（自家用車のない世帯）
    - 現在はスクールバスに乗せてもらっている
    - 子どもがいなくなるとスクールバスもこなくなる
    - デマンド交通もあるが、前日予約が必要
- 林業の衰退
    - 収入が減り、人手も減る
    - 荒れたままの山 → 獣害
- 学校がない
    - 隣の後山小学校は特認校で、学区外からも就学可
    - 学校を中心とした地域住民との交流が盛ん
    - 子どもがいなくなる → 廃校 → 新しい世帯が来ない
- 情報発信力が弱い
    - 積極性
    - 地域のホームページが更新されていない → 情報リテラシーの問題

豊かな自然や魅力が多い一方で、冬の生活はかなり厳しいです。厳冬期には積雪が3mを超え、南道は封鎖されてしまうため、浦佐方面へ抜けるには大きく迂回しなければなりません。このような冬の生活の厳しさが原因で移住する人も多く、一度集落から出てしまうと、戻ってくる人は少ないのです。こうした人口減少により、さまざまな弊害も出ています。辻又はもともと南北に細長いため、広域の田んぼの確保が難しく、大型の稲作機械を使用できないので手作業になります。そして加齢や人口減少により人手不足となり、耕作放棄地が増えてしまったそうです。同様に林業も、人口減少や十分な利益を得られないために辞める人が多く、人手不足となり衰退してしまいました。これが影響して、野生動物による農作物被害が増加しています。

　対策をしたくても、人手不足で難しいとのことでした。集落の小学校も1984(昭和59)年に閉校となり、児童のいる世帯は住みづらくなり、移住者が増えないという悪循環に陥っています。また人手不足により、さまざまな祭事が催されなくなり、集落内の人と人のコミュニケーション機会が減少していきました。辻又には、土地や作物、林産資源、観光資源などは豊富にあるのですが、人手不足でこれらを十分に活用できない状況です。

　そして辻又の特産物であるコシヒカリについてもさまざまな問題があります。まず作付面積が広くないため、1戸当たりの収穫量が少ないのです。また一般の米の流通と同様に買取価格と混米の問題があります。辻又産コシヒカリは非常に上質な米ですが、結局は消費者の手に届くまでに他のものと混ぜられ、安く売られてしまいます。産地表示にも当然辻又の名は出ません。そのために米作のみで生計を立てることが難しく、兼業農家が多くなっていきます。自家用車を持たない世帯では交通手段の欠如も問題となっています。

　滞在中に何度も同じ家庭を訪問して話をするあいだ、私たちは辻又の人の強い願いを聞くことになりました。とにかく辻又という集落が存続して欲しい、先祖から受け継いだ田んぼを守りたい、内外を問わず人との交流を増やしたい、若い人に移住してほしい、お嫁さんに来てほしい、というようなものでした。こうしたそれぞれの真摯な思いに触れて、なんとか私たちにできる解決策はないものかと考えました。

Chapter 3
「活性化」を考察する

現地滞在を終えて ── 「辻又」の名前を発信するために

　現地滞在を終えてから、9月初めに開かれる新潟県庁の中間報告会に向けて、これまでの調査結果についてまとめていきました。

　この時点での活性化策の素案としては、「辻又」というブランドネームをソーシャルメディア（バイラルメディア[1]）により認知してもらうこと、辻又集落の起源を活用したエピソードブランディング[2]、動画共有サイトによる情緒的価値情報の発信などが挙がりました。

　まずは「辻又」の名前を認知してもらい、そのあとで食べ方提案などによる「コンテクスト」[3]を創造して、米をブランド化したり、耕作放棄地に外部の農家や企業、研究機関を誘致したり、多目的センターを拠点とした史跡めぐり、ホタル観賞、バードウォッチングなどの観光・イベントを開催したり、そのほかの活性化策につなげていく、という案です。

　そこで私たちは、辻又の情緒的価値や近況をインターネットで発信し、「辻又」の名前を広めていくことにしました。つまり、私たちが集落と外部との

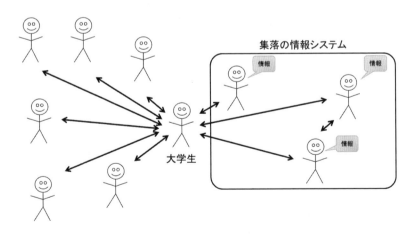

大学生を経由した情報の受け渡し

接点となり、情報の受け渡しを行うのです。情報発信の手段として、集落の情報がより多くの人の目に触れ、写真や動画などを使って情緒に訴えかけられるFacebookとTwitterを選び、実践していくことにしました。

---

1) バイラル（viral）：ウイルス感染のように口コミで情報が広がっていくため、このように呼ばれることもある。
2) エピソードブランディング：エピソードメイク（長期的な記憶）によるブランド化。
3) 地域ブランディングにおけるコンテクストとは、既存の施設や商品（コンテンツ）から新たな価値を創造するための提供方法のこと。

新潟県庁での中間報告会

　2014（平成26）年9月5日に、森本先生、鈴木、遠藤、福井の4名が新幹線で新潟へ行き、県庁での中間報告会に出席しました。今回の事業に参加しているほかの大学も一堂に集まり、それぞれの取り組みについて発表したあと、自治体の職員も含めて意見交換を行いました。
　参加大学は、首都大学東京、新潟国際情報大学、横浜国立大学、新潟医療福祉大学、相模女子大学、新潟大学法学部、新潟大学農学部、そして私たち専修大学です。
　体を使った伝統遊びによる活性化や、「伝承」を解明してデジタル・アーカイブする取り組み、温泉保養地の活かし方など、それぞれの大学の専門分野を活かした活性化策があり、参考になる情報が得られるとともに、さらに努力していきたいと刺激を受けた報告会でした。また、米の流通に関して研究している新潟大学の先生にお話を聞くこともでき、今後の活性化策を具体化していくにあたって有益な情報を得ることができました。

　県庁での報告のあと、10月9日に2回目の辻又訪問を行い、中間報告会の資料を製本して区長の佐藤さん宅へ届けに行きました。報告書について「こんなにきれいに丁寧にまとめてくださり感謝します」とお礼を言ってい

> ポイント

バイラルメディアによるブランド・コミュニケーション

　バイラルメディアによるブランド・コミュニケーションとは顧客が望んでいるブランドを形成するための取り組みです。そのためには、ブランドの方向性と、ブランド価値の具現化が必要となります。方向性の決定では、どの市場を狙っていくかのブランド・ポジショニングが重要となり、価値の具現化では顧客同士で行われる「ブランド・コミュニケーション」[1]が重要となります。また、製品を差別化するための手段としてブランド・ネーム、ロゴ／シンボル、キャラクター、パッケージ、スローガンなどの「ブランド要素」があります。

　辻又にはロゴやキャラクター、スローガンが存在していないため、「辻又」というブランド・ネームを宣伝する必要があります。また「辻又」は一体どのようなブランドなのか、顧客に何が提供できるのかといったブランド・コミュニケーションの確立が重要です。

　顧客間でのコミュニケーションとして、近年、口コミの重要度が高まっています。口コミを味方につけるためには、「共感できるネタで消費者同士の共振を生む、微妙なズレ感覚や実体験で驚きを感じてもらう、社会的文脈を取り入れてクチコミの輪を拡大する、シンプルなコミュニケーションを指向する、マス・マーケティング[2]に消費者の本音を取り込む」[3]といった工夫が必要です。口コミなどによるコミュニケーションが行われることで、ブランドへの信頼が高まり、ブランドとしての価値であるブランド・エクイティ[4]が発生します。このブランド・エクイティを高くすることでは、当該ブランドのブランド再生やブランド再認を強める効果があります。

　そこで私たちは、FacebookやTwitterといった、まさに「口コミ」で情報が伝播していくバイラルメディアを使って情報システムを構築することで、ブランド・コミュニケーションの促進を目指しています。

1）ブランド名称だけでなく、当該ブランドはどのようなブランドなのか、顧客に何を提供できるブランドなのかをステークホルダーの間で浸透させ、最終的に共有化させること。
2）すべての消費者を対象に同じ方法を用いて行うマーケティング。
3）青木幸弘 編著（2011）『価値共創時代のブランド戦略』167〜169頁, ミネルヴァ書房。
4）特定のブランドが行うマーケティング活動に対して消費者が示す反応と、同等の製品について無名のブランドが行うマーケティング活動に対して示す反応の差異。

ただきました。最終的な活性化策についての報告のために11月にまた訪問する旨を伝えました。

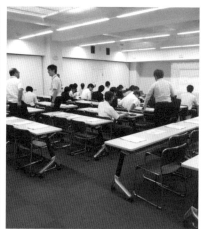

新潟県庁での報告会

事例から考える　〜①「辻又米」の自主流通の可能性

　2004（平成）年の「主要食糧の需給及び価格の安定に関する法律」の改正で、米の流通が変化してきています。これまでJA（農協）へ出荷された米は、米価格センターで入札が行われて価格が決定し、卸業者へ販売されていました。そして卸業者からスーパーや米屋などの小売店に販売され、それを消費者が購入するという流れでした。こうした流通は、JAがまとまった量を買い取り、一括で支払いをしてくれるため農家は安定した収入が得られ、代わりに農家はJAから肥料や農薬を買い入れ、またその資金繰りなどをしてもらっていました。

　それが、より消費者のニーズに沿う方向で規制緩和されたのです。米の流通が自由化されてからは、大手インターネットショップやスーパー、食品宅配会社、米専門店、JA、生産者など、さまざまな販売業者が参入してきました。

　しかし最近はネットショップの米購入が消費者に定着してきており、ネットはスーパーや量販店に次ぐ流通経路になりつつあります。消費者がネットショップを利用するのは、重い米を自宅まで運ぶ手間がなくなる、産地直送

のおいしい米が買えるなどの理由が挙げられており、主婦層を中心に支持を得ています。実際に、生産者自身が値段をつけた「自社ブランド」の米を、ネットを通じて販売しています。ネットの売上は、巨大な米市場のなかではまだまだ小さいですが、今後も成長が見込まれています。

　辻又集落ではJAを通して消費者に米を届けたり、知人に販売したりしていますが、もともと米の生産量が少なく、各家庭で消費しているのが現状です。少量からでも販売できて、付加価値をアピールしやすいインターネット販売を行うことで、消費者が「美味しい」と思ってもらえれば、そこからまたクチコミで情報が拡散していき、辻又の米の認知度も上がっていくのではないでしょうか。流通をすべて外部者に委ねず、手間をかけて美味しい米を作った生産者の苦労と気持ちを反映した販売ルートを構築すべきです。（福井）

事例から考える　～②「地図」を中心とした情報発信の取り組み

　北海道函館市西部地区では、スペイン・バル街の「まち歩き」の習慣を取り入れたイベントを行っています。「バル」とは、食堂とバーが一体になったような飲食店を指します。バルでは、朝や昼にはコーヒー、仕事帰りには気軽に立ち寄って酒を飲むことができ、スペインの人にとって生活の一部となっています。

　これまで、函館西部地区は火災が発生すると大火になりやすく、そのたびに繁華街は移動を繰り返し、町や人の流れは西から北東へと移り、かつてにぎわいのあった西部地区は地元民の集まらない街になってしまいました。そのため、函館の旧市街地である西部地区の良さを、まずは函館市民、次に観光客に知ってもらうことを目的として、イベントが始まりました。

　函館市「バル街」は、毎年春と秋の2回行われるイベントです。この取り組みでは、日本にはないまち歩きの習慣を行うために「チケット制」を取り入れています。参加者はチケットを購入して「バル街」参加店舗を巡り、加盟店舗でチケットを出すと、店の自慢の一品のおつまみや飲み物が提供されるという仕組みです。また、参加者がまち歩きをしやすいようにマップが用

意されています。このマップはアナログ（紙面）のマップで、仲間同士で1枚の地図を覗きながら、行き先を決めるなど楽しい駆け引きや会話が行われるように作成されています。

　この取り組みによる成果として、次の4つが挙げられます。

① イベントがないときでも、西部地区の街や店を訪れる市民が少しずつ増加している。
② 若い転勤族が西部地区の賃貸物件を借りるようになった。
③ 遠方からも人が訪れるようになった。
④ 「バル街」の開催により、全国から注目される地域になった。

　この取り組みを参考に、外国の習慣を取り入れて、辻又集落でも「まち歩き」ができないか考えてみました。
　2014（平成26）年の夏に私たちが訪問したときも、以前自治体の取り組みで作られた辻又集落の「お宝マップ」を参考に集落内を探索しました。このように、魅力がひとつに詰まった、まち歩きのための地図を作成します。つまり、「地図」という媒体を使って、辻又ならではの景色やおいしい米、山菜などの「情報」を伝達するのです。
　ただ、今は辻又には喫茶店などの飲食店はないので、多目的センターや任意で住人の自宅を利用させてもらい、「辻又歩き」というようなイベントができないかと考えています。
　また、南魚沼市では毎年秋に山岳耐久マラソンが行われており、辻又もコースの一部となっています。このマラソンの休憩所に多目的センターを利用するなどして、イベントに合わせて「辻又歩き」を開催していくことで、より多くの人に辻又の情報が伝わっていくでしょう。　　　　　（野谷）

事例から考える　〜③ 空き家問題の解消

　現在、辻又集落には放置された空き家が2軒あります。空き家以外にも古い倉庫などが点在しており、また、今後さらに増加することが考えられます。国土交通省が全国の自治体で実施したアンケート調査によると、空き家には「防犯や防災機能の低下」「ごみなどの不法投棄等を誘発」「火災の発生を誘発」といったおそれがあると認識されています。家屋がしだいに老朽化して倒壊した場合、隣接住宅に危害を及ぼしますし、辻又集落では、積雪で空き家が倒壊するケースもあり、事態は深刻といえます。以前は、自分で家を処分してから出て行った人が多かったそうですが、また戻ってくるかもしれないとか、子どもたちに残しておくといった考えから空き家が放置され、そのまま持ち主が不明になってしまうケースもあります。

　自治体のなかにはいわゆる「空き家条例」を制定して、対策に乗り出しているところもあります。空き家の所有者に対して適正な管理を促しつつ、場合によっては行政代執行[1]を認めて空き家の解体を進めていくのです。埼玉県所沢市がもっとも早期に制定しています（「所沢市空き家等の適正管理に関する条例」2010（平成22）年）。東京都足立区の「足立区老朽家屋等の適正管理に関する条例」では行政代執行までは規定していないものの、持ち主に対して適正な管理を求めています。

　最近では「空き家物件の情報を自治体が公開し、物件の所有者と購入希望者あるいは、賃貸希望者に紹介」するという「空き家バンク」が全国で増加しています。そのねらいは、市街地の活性化や定住者・移住者の増加を目指すところにあります。これも情報システムの1つです。

　積雪により家屋がつぶれてしまうようなことを避けるためには、上で述べたような取り組みで、空き家の増加を食い止める必要があります。また、このあとで述べるように、空き家の有効活用にも期待が持てます。　　　（寺嶋）

---

[1] 行政上の強制執行の一種。義務者が行政上の義務を履行しない場合に、行政庁が、自ら義務者のなすべき行為をなし、又は第三者をしてこれをなさしめ、その費用を義務者から徴収することをいう（行政代執行法1条、2条）。

事例から考える　〜④「デマンド型交通」という試み

　北海道で、過疎化のために列車が廃止されたニュースがありました。
　JR北海道は、留萌本線の留萌〜増毛間16.7kmについて、2016 (平成28) 年度中の廃止を発表しました。その理由として「乗客の激減」「大幅な赤字」「災害」などを挙げています。1987 (昭和62) 年度は、同区間の運送密度[1]が480名だったものが、2014 (平成26) 年度は39名と、12分の1以下に減少してしまったそうです。そして2013 (平成25) 年度は700万円の営業収入に対して、25倍以上の経費を要し、年間では1億6,000万円以上の赤字を計上しています。このため、鉄道が地域の交通手段としての役割を担うのは大変厳しいと判断されました。人口が減少していくにつれ、公共の交通機関を維持していくことが困難になっているのです。
　そこで最近期待されているサービスとして、「デマンド型交通」があります。デマンド型交通とは、住民のドアtoドアの移動を定額で提供する、新しい公共交通サービスのことです。高齢者や子どもたちの、いわゆる「交通弱者」と呼ばれる人たちへの施策として今注目されています。自治体にとっては予算を抑えつつ、安全な交通手段の確保によって住民サービスを向上し、地域の活性化につなげることができます。安価でしかも自宅まで迎えに来てくれるという、バスとタクシーのメリットをうまく活かした交通サービスが利用できます。運送業者にとっては、リピーターを創出・確保することができ、利用規模に応じて車両の小型化を図ることができます。

　図を見ると、国土交通省中部運輸局管内においては近年その導入件数が増加しており、2013年2月末現在、48の市町村で244系統が運行されています。
　では、なぜデマンド型交通の導入が増えているのでしょうか。路線バスやコミュニティバスなどの路線定期型との根本的な違いは、予約がないと運行しません。したがって乗客がいないバスが走ることはなく、運送効率が高められるといったメリットがあります。人口が少なく、住居が点在する地域を路線定期型交通で対応する場合は、ロスの多い運行となる上、すべての住居

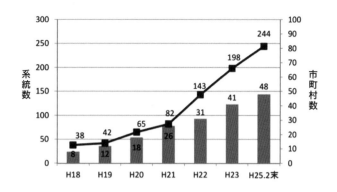

図　デマンド型交通の導入数の推移
出典：国土交通省中部運輸局

をカバーできないなどの問題が起きてしまいます。しかし、デマンド型交通を導入することにより、公共交通の空白地域をカバーすることが可能となります。

　辻又は、関越道や新幹線駅からアクセスが良いという魅力がありますが、直接公共交通機関は通っていません。冬場は浦佐駅側に抜ける南道が封鎖され、さらに交通の便が悪くなってしまいます。乗用車を所有していない家庭では、後山小学校のスクールバスに相乗りさせてもらったり、近所の人に送迎をお願いしたりして通院や買い物などをしているそうです。将来、辻又から通学する子どもがいなくなったら、スクールバスも利用できなくなってしまう可能性があります。デマンド型交通も利用できるそうですが、前日の予約が必要ということで、利用する人はほとんどいないようでした。もっと便利に使えるようになれば、集落の足になることが期待できます。

　このように、デマンド型交通は一見したところメリットばかりのように見えますが、実は路線定期型にくらべて利用者1人当たりの運行経費は高く、需要が多い地域では自治体の経費負担が増える懸念があります。予約というシステムが地域住民になじまない可能性もあります。乗客のいないバスは走ることがないため、「利用されていない」という問題が顕在化しにくいとも

言えます。

　デマンド型交通を導入して成功した例に、長野県安曇野市のデマンドタクシー「あづみん」があります。2005 (平成17) 年に旧5町村が合併して安曇野市が誕生したときに、新しい公共交通システムとして導入されました。安曇野市では豊科エリアに大型病院や商業施設が集中しており、旧町村にも病院や商業施設があります。住民は医療機関や商業施設の利用を、エリアの乗り換えなどによってうまく使い分けているのです。あづみんはこのような住民のニーズを満たし、効率的な運行を設定できたことで成功したと言われています。

　一方で失敗した事例を調べてみると、いずれの場合も人口密度が高い地域であることがわかります。そのために停留所が多く、デマンド型交通に対する利用者要求も高くなります。経路も複雑になり、要求を満たす運行を行うことが難しくなります。これらの地域では、結局デマンド型から定期路線バスへと転換しました。

　デマンド型交通の導入にあたっては、これまでの路線定期型交通やタクシーの利用といった方法との比較を含め、しっかり検証する必要があります。JR北海道の過疎化による列車廃止に対して、デマンド型交通は効果的かもしれません。しかし移動需要特性を把握しないままデマンド型を導入すると、住民に利用されない可能性もあります。地域住民の移動需要特性のような情報を把握するためには、情報システムの構築が不可欠です。それには住民だけでなく、自治体や交通会社などの連携が求められるのです。　　　　（大嶋）

1）1日1km当たりの平均運送量。

事例から考える　〜⑤ 辻又に呼びこみたい人たち

　実際に辻又に企業誘致した例として、自動車部品メーカーの工場があります。この企業は、障がい者雇用や高齢者雇用を積極的に活用して、厚生労働

大臣から表彰を受けており、この新潟工場では集落の人が数名雇用され働いています。ただ、農業での限られた収入を補うためには、今後さらなる企業誘致が必要となっていると思います。　　　　　　　　　　　　　　　（井上）

〈パターン１．フリーランスやテレワーク〉

　辻又では専業農家はなかなか生活が厳しいようです。兼業農家であれば、フリーランスやテレワーク（おもに SOHO）で仕事をするかたちが可能です。

　フリーランスとは、「独立できるほどの才能・技能・特殊技術を持った、貴重な即戦力の人財」[1]であり、おもに自営業／自由業を行っている人たちです。国内では、労働人口の19％にあたる1,228万人がフリーランスとして仕事を行っていると想定され、経済規模は16兆円といわれています。フリーランスや SOHO だと、インターネット環境さえ整っていれば、好きな場所で好きな時間に仕事ができるので、この利点が辻又で生活するのには適しています。

　もし農業をしながら会社に勤めたとすると、平日は会社勤務、週末は農作業に従事することになって、そこには少し無理が感じられます。しかしフリーランスや SOHO であれば、そのように曜日によって仕事が固定されることはなく、たとえば雨の日はフリーランスや SOHO の仕事を進めることができ、晴れた日には農作業をするのです。

　フリーランスや SOHO のデメリットは、安定した収入が得られないことにあります。この点について、辻又に住んでいる人たちは、ここではある程度は自給自足ができるのだと皆さん言います。自給自足で生活ができる環境は、フリーランスや SOHO の仕事に向いているのです。また在宅の仕事中心であっても、慣れない農作業を集落の人たちに教えてもらったり、運動会やイベントに参加することで地元との交流が生まれますし、運動不足は農作業をすることで防ぐことができるでしょう。

　集落には空き家も耕作放棄地もあるので、その点では移住しやすいのです。いきなり知らない土地に住むのは不安だという人のために、地域によっては体験型移住もあります。国からの支援として、厚生労働省の職場意識改善助

成金(テレワークコース)制度もあります。この制度は「労働時間等の設定の改善及び仕事と生活の調和の推進のため、終日、在宅またはサテライトオフィスにおいて就業するテレワークに取り組む中小企業事業主に対して、その実施に要した費用の一部を助成するもの」[2]です。

　地元の雇用や起業を促進するために、テレワークを支援している自治体もあります。SOHOなどを支援するためにテレワークセンターを設置した例としては、北九州市が2000(平成12)年4月にオープンした「北九州テレワークセンター」や、静岡県が設置し、静岡市などが運営にあたっている「SOHOしずおか」、東京の千代田区にある「ちよだプラットフォームスクウェア」などが挙げられます。こうしたものを利用しながら、フリーランスやSOHOで仕事を行うことを考え、ぜひ自然環境の良い辻又集落に移り住んでほしいと思います。

（寺嶋）

---

1) 日本フリーランス協会ホームページ, http://freelance-association.org/index.html
2) 厚生労働省,「職場意識改善助成金(テレワークコース)」。
　　http://www.mhlw.go.jp/stf/seisakunitsuite/bunya/koyou_roudou/roudoukijun/jikan/syokubaisikitelework.html

〈パターン2．ITベンチャー企業〉

　都会で働く人たちは、自宅と会社を行き来しているうちに毎日が過ぎていくようなワーク・ライフスタイルです。そうやって1日中パソコンで仕事をしていると、なかなか心身がリフレッシュされにくい不健全な状況になります。都会では過剰労働などの問題をかかえ、また自宅と会社の往復というかぎられた環境でアイデアが行き詰まることもあるでしょう。

　このような現状で、徳島県の過疎地域に、都会のITベンチャー企業がオフィスを設けて成功した例があります。過疎地域の豊かな自然のなかでは、働く人が心身をリフレッシュしてバランスをとることができるのです。実際に、自然にある緑には心身をリフレッシュさせる効果があり、気持ちを落ち着かせるパワーがあると言われています。「太陽の光は、赤から紫までそれぞれ波長の違う七色の光でできています。そのなかで、私たちが一番明るく

> **ポイント**
>
> ### テレワークとSOHO
>
> テレワークとは、「ICT（情報通信技術）を活用した、場所や時間にとらわれない柔軟な働き方」[1]です。従業員などが自宅で仕事をする在宅勤務や、営業職やサポート職が出先のさまざまな場所で仕事をするモバイル勤務などがあります。また、テレワークのなかには、自営型テレワーカーもあります。ICTを活用して時間や場所にとらわれない働き方をしている個人事業主や、個人に近い小規模事業者のことで、こうしたビジネスの形態をSOHO[2]と呼びます。インターネットを利用して、小規模な事務所や自宅で仕事をしたり、開業したりする事業者の就業形態を指す言葉です。このようなICTの活用法も、「薬」としての効果が期待できます。
>
> 1）総務省、「テレワークの意義・効果」。
>   http://www.soumu.go.jp/main_sosiki/joho_tsusin/telework/18028_01.html
> 2）Small Office/Home Office の略。

感じる波長の光はどれかというと、実は緑なのです。私たちの目にもっとも見えやすい色が緑であり、自然に目に入りやすいからこそ、緑を見るとなんとなく気持ちが落ち着くわけです」[1]と言われています。

また、「都市の生活では、仕事や仕事上の付き合い、消費生活上での付き合い、流行や新しい文化への傾倒など様々な理由で夜に眠らなくなってきています。睡眠不足が積もり積もってきています。現代社会は夜の睡眠と引き替えに繁栄を誇っているとしか私には思えません。心身の病気が蔓延しているのも宜なるかなです」[2]と言われているように、都会における複雑な情報システムのなかで情報の洪水に浸かっている生活は、病気やストレスの大きな原因になっています。田舎への移住は、こうした情報過多を回避する手段の1つと考えられます。ベンチャー企業が辻又にオフィスを構えたら、自然の溢れた適度な情報接触のなかで心身がリフレッシュしながら快適なワークスタイルが実現できるのではないでしょうか。

ITベンチャー企業が望ましい理由は、若い人たちが働き、騒音も出さず、規模も大きくないからです。辻又に急激な変化をもたらすことなく、地元民の戸惑いや、辻又の良さを壊してしまうリスクが軽減できると考えます。都

会のベンチャー企業が過疎地域にオフィスを構えることは、都会のワークスタイルの問題点を解決するとともに、辻又のような過疎地域活性化にもつながります。
(森保)

1）林真一郎（2002）,『からだの自然治癒力をひきだす「緑の医学」』99〜100頁, サンマーク出版。
2）大室直敏（2003）,『生き方としての田舎暮らし』14頁, 文芸社。

〈パターン3．米を原料とした生産企業〉

　私の出身地の長野県上田市では、ワインメーカー主導で立ち上げられた農業生産法人が醸造用ブドウを手広く栽培しています。このワインメーカーは安定的な原材料を確保するために、ブドウ栽培に市内の空き地を利用しています。

　辻又では、山の奥に行くにつれて、利用されていない田んぼがいくつもありました。同じような考え方で、米を原料とする生産企業に辻又にある空いた田んぼを貸与して、企業側が稲作を行い、採れた米を使用して工場で製品を生産するというサイクルができないでしょうか。辻又側は、空き地・空き家の解消につながりますし、企業側は、安定的な原材料を確保でき、新鮮な米を利用できます。集落の空き家をリフォームすれば、社宅にもなります。誘致する側とされる側の双方にとって、利益があり、有効利用ができるのではないでしょうか。
(小平)

〈パターン4．子供たちの受け入れ〉

　グリーン・ツーリズム[1]の一環として、小中学生の修学旅行などで児童・生徒などを受け入れて、地元の地域活性化に役立てているケースがあります。長野県飯田市や福島県喜多方市では、体験型修学旅行による生徒の受け入れで、その経済効果が確認されています。また生徒との共感から生まれる感動や、手紙のやりとりから活力を得た農家も多く、地域の連帯感や活気などが生まれる副次的効果も確認されています。

　このように修学旅行を辻又に誘致すれば、普段は味わえない緑いっぱいの

景色、きらきらした星空、大群のホタル観賞や、山菜採りや稲作などの農業体験もでき、食育にもつながります。子どもたちと辻又の双方にプラスの効果が期待されるでしょう。
(小平)

1）農山漁村において自然、文化、人々との交流を楽しむ滞在型の余暇活動。

10年後の辻又を考える

　辻又集落はこのままだと、10年後には平均年齢70.04歳の「超高齢者地域」になります。集落にいる4人の子どもたちも、おそらく10年後は働きに出るために集落を離れているでしょう。

　人口が減り、高齢者が増えた辻又は、自力での活動が困難となり、過疎地の現状を示す過疎化進展プロセスにおいて、集落内の維持機能が完全に消滅する「フェーズIV」[1]に達すると思います。集落としての活動はほとんど行われなくなるかもしれません。私たちが自分たちなりにやれることはやっていても、そのようなネガティブな想像をしてしまいます。

　今回の活性化事業を通じて、やはり1年間だけでは期間の短さを痛感しました。辻又のような限界集落は、大学生のみならず、民間企業の支援なども含め、もっと活動の規模を広げた継続的な活性化対策が必要だと思います。
(丸山)

1）麻生憲一（2011）「過疎集落の現状と分析（1）　過疎化進展のプロセスと過疎対策」『奈良県立大学研究季報　地域創造学研究』21巻3号, 147〜156頁, 奈良県立大学。

コラム

全国各地で進む過疎

　私の郷里は岐阜県下呂市で、温泉地としては知られた下呂温泉があります。下呂市全体の面積851平方kmのうち、山林が約9割を占めています。2014年に「日本創成会議・人口減少問題検討分科会」が発表した2040年人口推計結果で、下呂市は20歳から39歳までの若年女性の減少率が2010年比で56.1％となり、「消滅可能性都市」[1]の1つとされています。神奈川県箱根町や静岡県熱海市なども全国では有名な温泉地ですが、同じ消滅可能性都市として挙げられています。下呂市の人口はずっと減少傾向にあり、10年前と比べると約4,000人も減少しています。また、下呂市における出生者数は2003年までは年間300人を超えていましたが、2004年以降は300人を割り込み、2011年には249人にまで減少しています。人口の減少や子どもの減少傾向は辻又集落と同様です。

　下呂温泉は、江戸時代の儒学者である林羅山により「日本三名泉」の1つと言われており、知名度も人気度も高い温泉地だと思います。リクルートが行っている「もう一度行ってみたい温泉地」や楽天トラベルの「年間人気温泉地ランキング」などでは毎年上位に選ばれています。そんな温泉観光地で私は生まれ、山に囲まれ、益田川という川が流れる、緑と水に恵まれた環境で育ちました。これまで大きな変化を感じることはありませんでしたが、愛しい郷里が着実に過疎化しているとは感じています。

　たとえば、私が小学生のとき、地域別に低学年から高学年が1つの班となり、登下校をともにするということがありました。私が小学1年生のとき、地域には2つの登下校班がありましたが、高学年になったとき、班は1つだけになりました。その頃から少子化の現象は始まっていたのです。また神社の祭りでは、私が幼いころは食べ物などを売る屋台がいくつも出ていましたが、年長になるにつれ、出店されなくなりました。高校生になるころには最寄り駅が無人駅に変わり、最近では、私の実家の近くで空き家が目立ちはじめました。

　半年に一度帰省していますが、そのたびに前よりも町に活気がなくなっているのがわかり、過疎化が進んでいるのをひしひしと実感します。観光地としての施設やイベントは年々増え、観光客の目には、一見活気があるように映るかもしれませんが、地元の店は少しずつ潰れています。下呂温泉のような有名観光地でも衰退がはじまると、辻又だけでなく、全国各地で過疎化が進んでいるように思います。

（福井）

1）日本創成会議、「全国市町村別「20〜39歳女性」の将来推計人口」
　http://www.policycouncil.jp/

活性化案がまとまる！

　辻又の冬の訪れは早く、10月中に初雪が降った年もあるそうで、2013（平成25）年は11月初旬に雪が降ったということです。雪が積もると、車で辻又へ行くことが困難になってしまうので、その前に訪問して、最終的な活性化策を集落の人たちと話しておこうということになりました。

　私たちは活性化策の具体案を詰めていきました。これまでの現地調査や、各人による文献調査などを総合して、最終的に以下の8つの活性化案をまとめました。これを集落の人たちにも提示して、実行可能な方策を選んでいくことになりました。

《8つの活性化案》

　「マルシェ」はフランス語で「市場」を意味し、最近では都市圏を中心として都市型マルシェが広まっています。わかりやすくいえば「青空市場」です。マルシェに出店することで生産者には販売チャネルが増え、それがショーケースにもなります。消費者は、希少で安全な農作物を生産者とコミュニケーショ

ンしながら購入できますし、ただ買い物をするだけでなく、ワークショップや体験コーナーなど、家族連れでも楽しめるイベントになっています。

　マルシェに出店して辻又米を販売できれば、「辻又」の知名度が上がると考えました。米を売って収入を得ることではなく、辻又の米を知ってもらうことを目的としています。マルシェに買い物に来るような消費者は、料理の素材にこだわっている人が多いと考えられます。そのようなこだわりを持った消費者に、辻又の米を知ってもらうことができれば、そこを起点に「辻又の米は美味しい」という情報が広がっていくことが期待できます。重要なのは「こだわりを持っている消費者」が情報を発信してくれることです。そういった人のまわりには同じようなこだわりを持った人が多いでしょうし、そうでない人も「あの人が言っているんだから間違いない」と、信ぴょう性の高い情報として受け取られるでしょう。また、ほかの出店者に辻又の米の情報が広まることも期待できます。

　米の自主流通の販路開拓については、県庁での中間報告会で新潟大学の先生にいただいた助言をもとに提案しました。まず、辻又を離れた親族などに米を送って食べてもらう。そしてその親族がまわりの友人や知人に辻又米を紹介し、気に入ってもらえれば直接販売する、というモデルが考えられます。人は食べ慣れた米が一番美味しいと感じるそうです。辻又出身者に故郷の米の味を懐かしんでもらい、その美味しさを周囲の人に伝えてもらうことで販路を拡大していくのです。

　多目的センターの活用については、大学のゼミナールや部活などの合宿を受け入れたり、観光ツアーの宿泊所として利用してもらったりして、辻又に人を集め、魅力を知ってもらうという策です。そのほか、耕作放棄地に四季ごとに異なる花を植えて、辻又を縦断する県道をフラワーロードにしてイメージアップを図ったり、祭りやゲートボール大会を開催して集落活性化につなげる案などを考えました。

集落の方へのプレゼン

8案の中で、実行可能なものは、

 ① 都市型マルシェへの出店
 ④ 米を使った加工品の商品化（ライスミルク）
 ⑦ 課題提示による外部人材の受け入れ

の3つでした。
 ②の親族を経由した販路拡大に関しては、すでに実行例があるものの、親族には無償で譲ることが少なくなく、また外部の人に勧めても定期購入までは至らないとのことでした。多目的センターの活用については、大人数の合宿を受け入れるとなると建物の改修や整備が必要になり、資金的に実現は難しいとの意見をいただきました。花畑、祭り、ゲートボール大会についても、実行できれば良いが、継続して動ける人がいないということが問題でした。
 そんな中で、①の都市型マルシェへの出店や、④の米の加工品の商品化、⑦の大学などへの課題提示によるパートナーシップは感触が良く、特に①と④は実際にやってみたいという意見をいただくことができました。最終

的にこの ① と ④ を採用して、実際に実行してみようということになりました。集落側の具体的な検討担当者を決めて、今後は双方で密に連絡を取りながら進めていくことを約束し、辻又を後にしました。ようやく先が見えてきたようでした。

《採用案》

①
都市型マルシェへの出店

④
米を使った加工品の
商品化（ライスミルク）

Chapter 4
「活性化」を実行する

活性化活動

その① 〜都市型マルシェへの出店Ⅰ（出店にこぎつけるまで）

　2014（平成26）年11月に活性化策を絞り込んだあと、私たちは早速それらを実行に移しました。

　まず「① 都市型マルシェへの出店」の実行です。
　私たちは、辻又の名を広めるために、東京近郊で開催されているマルシェに辻又の米を出品することを考えました。都市型マルシェへの出店方法を調べるため、勝どき橋で毎月開催されている「太陽のマルシェ」にボランティア・スタッフとして参加しました。
　マルシェ運営の仕事をしながら出店者やスタッフの人にどうしたら出店できるのかを聞いてまわったのですが、逆に「なぜそんなことを聞くのか」と尋ねられたので、私たちが取り組んでいる辻又の話をしました。すると、主催者である「代官山ワークス」さんに話を通していただき、会って話を聞いてもらえることになりました。代官山ワークス代表の丸山さんに活動の概要や現在の状況を説明したところ、「ぜひ一緒になにかやりましょう」と言ってくださったのです！
　まず、太陽のマルシェでおにぎりを販売していた「おにぎり弁慶」さんを紹介してもらうことができました。そして店主の村山さんにおにぎりを握ってもらえないかと交渉し、その結果私たちの地域活性化プロジェクトに賛同してくださり、快く引き受けていただきました。
　「米」のプロである村山さんに辻又米を試食してもらい、どのようなおにぎりであれば辻又の米を活かせるか相談したところ、炊き込みご飯が適しているのではないか、春の時季に合わせて具は山菜が良いのでは、というアドバイスをいただきました。辻又で山菜が採れることは調査済みだったので、

その方針で進めることにしました。
　またライスミルクの商品化についても丸山さんは興味津々で、そちらでも協力していただけることになりました。販路は色々とお持ちとのことで、とりあえず私たち自身で試作品を作ってみることになりました。12月から月に何度も打ち合わせを繰り返し、準備を進めていきました。

その②　～ライスミルクの商品化企画

　続いて、「④ 米を使った加工品の商品化（ライスミルク）」です。
　米から作った飲料の「ライスミルク」をご存じでしょうか。ライスミルクは、「日経トレンディ2015年ヒット予測」で第4位にランクインしていて、甘味料や砂糖を使用せずに作られているのが特徴です。原料が米なので、牛乳よりも炭水化物が多く、タンパク質や脂質は少なくなりますが、コレステロールは含みません。日本ではあまり知られていませんが、欧米では広く知られた飲み物で、ベジタリアンやアレルギーの人の代替品として人気があります。イタリアでは代替ミルクとして定着しており、「イゾラ・ビオ　オーガニックライスドリンク」や「ブリッジ　ライスドリンク」が多く出まわっています。
　国産のライスミルクは、のどごしの多様性がユニークで、「さらさらタイプ」「とろりタイプ」「どろーりタイプ」の3タイプに分類されます。「さらさらタイプ」では、「GEN-MY」（ケイ・エス・ティ・ワールド）や「にほんの米乳」（白州屋まめ吉）などがあります。「とろりタイプ」では、「マルマサ　ミキ」（マルマサファミリー商事）、「どろーりタイプ」では、「みき」（東米蔵商店）や「飲む玄米」（渡具知）などがあります。また、大手メーカーのキッコーマン飲料から「キッコーマン　玄米で作ったライスミルク」が2015（平成27）年5月に発売されました。このようにライスミルク市場はにぎわいをみせています。

　辻又での現地調査の結果、単に「米」として販売するだけでは、すでに出まわっている多くのブランド米に埋もれてしまい、差別化が難しいとわかりました。そこで、米を何か別のかたちにして販売できないか、と模索してい

たところ、日経トレンディの情報を見つけたのです。2014 (平成26) 年11月の活性化策の議論の際に、辻又の人たちに意見を聞くと好評だったため、辻又の米でライスミルクを作り、商品化を目指すことを決めました。

　しかし、それはそんなに簡単なことではありませんでした。ネットで調べると、多くのレシピが公開されていたため、まずは自分たちで作ってみようということになり、辻又で採れた新米と古米[1]の両方で、都内の調理室を借りて試作を行いました。

　作り方は、生米を使用する方法や炊いた米を使用するなどさまざまな方法があります。1回目の試作では、生米、浸水させた米、前日に炊いた米、その場で炊いた米の4種類を新米・古米ともに用意しました。そのほかに、油、三温糖[2]、塩、米飴、甜菜糖[3]、はちみつを準備しました。米の量と水の量を調整して、約15種類ほど試作しました。そのなかで、米は古米が良く、塩は入れても変わらない、甘味をつけるなら甜菜糖か三温糖、生米は良くないということがわかりました。この試作会では、米だけではなかなか甘味が出ないという問題点が残りました。

　2回目の試作で参考にしたのが、豆乳と甘酒の作り方です。一般的に豆乳は大豆を10〜20時間ほど浸水させます。その後、ミキサーにかけて弱火でかき混ぜながら煮て、さらし布でこします。この工程を米に置き換えて、作ってみました。甘味をさらに出すために、浸水させるときに、お酢を入れました。お酢を入れると、甘味の素となるグルコースを2.4倍に増やすことができます。豆乳と同じ作り方では、米の味はしましたが、甘味が足りませんでした。

　甘酒の作り方は、スープジャーで作る方法を参考にしました。スープジャーのなかに、お湯と炊いた米と米麹を入れて、10時間ほど保温しながら発酵させて作ります。甘酒の作り方で作ると、甘味は出ますが、どうしても麹の匂いが強くなりライスミルクとはかけ離れてしまいました。そのため、豆乳の作り方で作ったライスミルクと甘酒の作り方で作ったライスミルクを半

分ずつ合わせることで、米の味を残しつつ、甘味をつけることができました。それでも、流通しているライスミルクの味とはほど遠く、商品として販売できるものではありませんでした。商品開発の大変さを実感しました。

　この先どうしていけば良いか、迷っていた私たちに朗報が届きました。マルシェ出店でも協力してくださった代官山ワークスさんが、辻又産ライスミルクを共同開発してくれることになったのです。そしてすでに商品としてライスミルクを販売している企業に、辻又の米を使ったライスミルクの試製造をお願いしてくださいました。

　辻又の米を渡してから約2か月後、試作の原液が届きました。この原液を水で薄め、さまざまな濃度にして試飲し、飲みやすさや商品のコンセプトを考慮して、最終的に10〜15％の範囲の濃度が適していると判断しました。

　今後は、辻又にあるNPOの「魚沼伝習館」さんの協力で飲食店やホテルの専門家を交えて市場調査を行い、用途に応じた濃度や分量、パッケージ、製造所などを決定していきます。また、6次産業化支援の助成金も申請中です。

1）新米に対し、その前年にとれた米のこと。
2）白糖を製造するときに煎糖した後の蜜を材料にして作った砂糖のこと。
3）テンサイ（サトウダイコン）の根を原料にした砂糖のこと。

新潟県庁での最終報告会

　2015(平成27)年3月、新潟県庁で最終報告会が行われました。これまでの活動内容を総括し、報告書としてまとめ、さらに報告会でプレゼンテーションを行いました。
　当日はNHKや地元メディアも取材に来ていて、参加者も大学と県庁の関係者だけでなく、受け入れ先の集落のある市町村の関係者や各集落の代表など、中間報告会とは比べものにならないくらい大きな規模でした。そのような大舞台でも、私たちは臆さず、自信を持って報告しました。実際に企業などの協力を取りつけて、ここまで活性化策を具体化して実践している点では、どこの大学にも負けていないという自負があったからです。

「活性化」を続けていく決意

　報告会終了後の懇親会では、企業や南魚沼市以外の自治体の方からお褒めの言葉をかけていただきました。
　この事業はこの日をもって満了となりましたが、この時点で実際に活性化

が実現したわけではありません。私たちも活性化策が具体的になってきて、ようやく入り口に立ったところだと思っていました。今後も活動を継続していくためには資金も必要で、県庁の方に次年度も助成を受けられるのかを訊いてみたものの、残念ながら受け入れ集落も委託する大学も毎年総入れ替えするということで、事業の継続はできないということでした。

それでも私たちは、やると決めたからには最後までやりきろうと、自主的に活動を続けていくことを決意しました。

2015年4月。年度が変わり、おにぎり販売やライスミルクの企画を着々と進めていきましたが、それ以外にもとにかくできることはやっておきたいと思っていました。米を使ってもらえるチャンスはないかと模索していたところ、表参道で開催されていた「ごはんフェス」というイベントを見つけました。2015年の開催は終わってしまっていたので、その主催者である「おにぎり協会」さんに連絡をとり、話を聞いてもらいました。そして代官山ワークスさんと同じように、協力していただけることになったのです。

その③　〜小学校での講演会

活性化案として挙がったものではありませんが、小学校で限界集落活性化に関する講演会をする機会に恵まれました。私 (寺嶋) の小学5年生の妹が、学校の宿題で出された日記に「米作り」と書いたことが、この講演会を行うきっかけでした。

妹の学校では、教科書で南魚沼市の大型田んぼについて勉強し、実際に米を作っています。担任の先生が、妹を通して、南魚沼市の辻又集落の活性化活動に参加している私のことを知り、大型だけでなく小型の田んぼでも米を作っていることや、限界集落について生徒に話してほしいと要望がありました。

私と大嶋さんは、2015年7月1日に横浜市立根岸小学校の5年生約90名の前で、講演会を行いました。講演内容は、限界集落とは何か、辻又集落がどんなところか、辻又での米作りについてなどです。

　事前準備として小学生のみなさんにわかりやすく楽しめるような資料作りをしていくなかで、私たちは「限界集落」について伝えることの難しさを実感しました。特に都会に住む子どもたちにどうしたら身近に感じてもらえるのか、理解してもらえるのかという点で頭を悩ませました。辻又の世帯数を学校のクラス数でたとえたり、パワーポイントのアニメーションを使ったり、クイズ形式やイラストを多く取り入れるなど、試行錯誤して、当日を迎えました。児童たちは話を最後まで静かに聞き、多くの質問を投げかけてくれました。

質問：何のために活性化しているの？
回答：成り行きにまかせていたら、いずれ辻又集落がなくなってしまうからです。
質問：活性化していて嬉しかったことは？
回答：集落に行くたびに住民のみなさんが温かく迎えてくれて、また来てねと言ってくれたときや、頑張ってくれてありがとうと感謝されたときです。
質問：大変だったことは、何？
回答：簡単なことはほとんどないですね。まず、集落に行くまでが遠いこと

や、集落で活性化に興味がない人や、受け入れてくれない人がいること、活性化する方策を考えだすことも大変です。
質問：大学を卒業したらどうなるの？
回答：後輩たちに活動を引き継ぎます。

　こんな風に小学生たちとやり取りを重ねました。終わってからは小学生たちが辻又の人たちへの手紙や、講演会についてのレポートなどを書いてくれました。そして後日、辻又集落に皆さんにその手紙を届けました。カラフルな色に塗られたメッセージカードに、辻又についての感想や質問などたくさんの思いが詰まっており、集落の人たちもとても喜んでいました。
　この講演会を通して、将来社会を支えていく子どもたちに「限界集落」の現状を知ってもらい、社会参加意識として自分たちに何ができるのか考えてもらえたのではないでしょうか。メッセージカードには、
「大学生になったら限界集落について勉強したい」
「お米を残さず食べたい」
「辻又集落について家族に話してみる」
などの感想が書かれていました。私たちを媒介にして遠く離れた地域の小学生たちに辻又の情報が伝わり、そして小学生たちの想いや考えなどの情報が辻又にも伝わったのです。

(寺嶋)

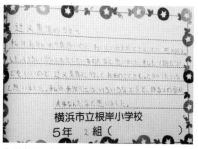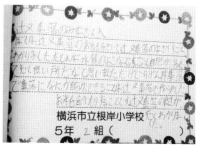

小学生からの手紙

その④　〜都市型マルシェへの出店 II（辻又産コシヒカリのおにぎり販売）

　私たちが進めていた辻又産の米を使用したおにぎりの販売計画は、遂に実現することとなりました。横浜近郊でおにぎりのケータリング販売を行っている「おにぎり弁慶」さん、関東圏内の各地域で開催されるマルシェ運営ほか各種イベントプロデュースなどを行っている「株式会社 Woo-By. style」[1]さんの協力を得て、販売にこぎつけることができました。

　2015年8月2日に開催されたWoo-By.style主催の「リーフ陽だまりマルシェ」に出店しました。おにぎり弁慶さんに辻又米でおにぎりを握っていただき、私たち学生は、おにぎりの販売、辻又集落を紹介するチラシの配布を行い、辻又集落のPRを行いました。
　おにぎりは、鮭・おかか、鮭・たらこ、鮭・うめの3種類があり、それぞれにから揚げ・卵焼き・お新香を入れ、竹の皮で包んで販売しました。竹の皮で包むと見栄えが良くなるだけでなく、外部からの異物混入、および食品の時間経過による細菌の発生を遅らせ、傷みにくくする効果があります。
　おにぎり販売をする際に、おかずを付けるか否かの議論になりました。マルシェの近くに横浜アンパンマンこどもミュージアム[2]があるので、そこから家族連れが流れてくるのではないかと予想し、おかず付きのほうが昼ご飯としてふさわしく、子どもが好む具材を入れると売れるのではないかという結論に至りました。
　具材を決めるにあたっては、おにぎり弁慶の村山洋さんと打ち合わせを重ねました。当初は辻又産の山菜をおにぎりの具にする予定でしたが、8月の販売に向けて、春に収穫された山菜は旬のものではないということがあり断念しました。そこで、より米のおいしさが伝わるよう、シンプルな具材を入れることになりました。
　打ち合わせのなかで、どうしたらお客様に辻又集落のことを知ってもらえるのかを何度も議論し、チラシの配布や雰囲気が伝わるようにスライドショーの上映を行うことにしました。村山さんのバックアップのお陰で、自信を

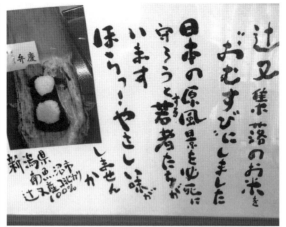

持ってこの企画を進めることができました。

　当日は開始の2時間前にメンバーが集合し、事前に用意した辻又集落の情報を載せたチラシや専修大学とおにぎり弁慶さんののぼり、パソコンによる辻又集落の紹介の準備を行いました。始まってみると、お客さんはリーフ陽だまりマルシェの存在を知っていて訪れる人、限界集落の活性化を学生が行っていることに興味を持ってくる人、お昼ご飯としておにぎりを買いにくる人など、さまざまでした。
　おにぎりは、15時頃、マルシェの終了時刻を待たずに完売しました。そのため、終了までの2時間半は、歩いている人にチラシを配布しながら話を聞きました。
　真剣に話をすると、「おにぎり完売しちゃったんだね、食べてみたかった」、「小さな集落だけど、すごく素敵な集落だね、頑張ってね」などと言ってもらいました。「おにぎり」の実物を通して辻又の米の美味しさを伝え、さらにチラシやスライドショー、会話によって辻又の雰囲気（情緒的価値）を伝え、おにぎりを買ってくれた人、マルシェを訪れた人、通りかかった人たちが受け取ってくれた結果だと思います。私たちはさらにそこから多くの人に情報

が波及していくことを期待しています。

　今回のおにぎり販売を通して、さまざまな人と関わりを持つことができました。辻又集落を知ってもらえただけでなく、私たちも多くのことを学ぶことができました。活動が線でつながり、賛同していただいたみなさんの温かさに勇気づけられました。また、辻又集落を知らない人たちにどうしたら良さが伝わるのかを考えていくなかで、情報の表現方法や伝達手段を考えることができ、辻又集落のことをさらに知るきっかけにもなりました。　　（大嶋）

1）横浜市西区の、みなとみらい地区にある「リーフみなとみらい」でマルシェを運営。「安心・安全・おいしい！・楽しい心地よい」をキーワードに、全国の美味しい野菜や果物のお店、クラフト作家、親子で遊べるワークショップなどを開催。
2）横浜市西区のみなとみらい地区にあるアンパンマンをテーマにした施設。

その⑤　〜辻又の運動会参加

　100年以上も続いているという辻又集落の運動会が2015（平成27）年8月23日に行われ、みんなで参加しました。2014（平成26）年は長期の現地滞

在が運動会の1週間前だったこともあり、参加を見送ったのですが、2015年は時期を合わせて参加することができました。

運動会には近隣の後山小学校の子どもたちや、東京の八王子にあるソフトボールチームの小学生と保護者、私たち以外の他大学の学生など、遠方からも多くの人が集まってきました。開会式ではラジオ体操や国旗掲揚のほかに、敬老会の米寿の人をお祝いするなど、都会の運動会とは違う、地域行事らしさが盛り込まれていました。さらに来賓として南魚沼市長が直々に挨拶に来ていて、地域をとても大事にしている自治体なのだと感じました。

参加者は紅白のチームに分かれて勝敗を競います。玉入れや借り物競争、二人三脚のようなスタンダードな種目だけでなく、風船割りや、ジュースの早飲み競争などの変わったプログラムもあり、大人から子どもまで楽しめるものになっていました。あいにく不順な天候で雨も少し降ったものの、後半はずっと曇りの天気で持ちこたえました。終わった後は、参加者全員でバーベキュー。みんなで一緒に食事をとりました。

私がいま住んでいる地域の運動会はもっと規模が大きく、地区対抗になっているため、自分のチーム以外とはあまり交流もなかったように覚えています。辻又のような運動会であれば、地域コミュニティの大切さをもっと自然に、実感をもって学ぶことができていたかもしれません。また、スポーツを通じた交流は、地域の一体感や活力を醸成し、人間関係の希薄化などの問題を抱える地域社会の再生につながるだけでなく、地域コミュニティの形成にも効果的である、という報告もあります[1]。

運動会という「共同作業」の体験を通して情報が伝えられることで、共感を生みやすいことを実感しました。

(井上)

---

1) 文部科学省 編（2011）『平成22年度文部科学白書』。

辻又地区大運動会のプログラム
全員でラジオ体操

競技種目

1. 風船割りゲーム
2. スプーンレース
3. 大人と子供で仲良く玉入れ
4. ジュース&ビールの早飲み
5. 八王子の競技コーナー（当日までお楽しみ）
6. みんなで力を合わせて綱引き
7. 伝習館の競技コーナー
8. 色水満タン競技
9. タルころがし
10. パン食い競争（子供優先で50人まで）
11. 紅白対抗リレー

※準備や時間の都合により、プログラムの内容が変更される事がありますが、ご了承下さい。

その⑥　〜辻又産のミョウガでおにぎり作り

　2015（平成27）年の9月、辻又集落でミョウガを収穫しました。

　ミョウガはショウガ科ショウガ属の多年草で、花穂部分を食用とします。紅色や赤紫色をしており、特有の香りがあり、シャキシャキとした歯ざわりが特徴です。ミョウガは夏から秋にかけて収穫することができます。6〜8月に収穫されるものは「夏ミョウガ」、8〜10月に収穫されるものは「秋ミョウガ」とも呼ばれ、秋ミョウガのほうが味も香りも良いとされています。ミョウガは香りや色味で食の彩りを華やかにすることから薬味として多く利用されます。香りは脳を刺激するので、眠気覚まし、発汗作用、食欲増進や解毒作用も期待できます。全国のミョウガの生産量の約8割が高知県で栽培されています。

　辻又のミョウガは、その昔植えられたものが自然繁殖し、現在では山のどこまで生えているのかわからないほど増えています。私たちは長袖長ズボンの姿になり、長靴をはいて軍手をし、準備を整えて山へ向かいました。民家の裏から山へ入ると、すぐにミョウガの群生がその姿を現し、それは一定間隔で生えていました。

　ミョウガと言えば、スーパーでパックに5、6個入った状態でしか見たことがなく、一面に土に生えている光景は不思議な感覚でした。ミョウガの花の付け根部分を曲げると、「パキッ」と音がして簡単に採ることができました。葉のあいだにたくさんの蜘蛛の巣が張っていたのも気にならないほど採ることに夢中になっていました。森本先生と私と集落の人の3人で20分ほど採り続け、合わせて10キロ以上収穫することができました。

　収穫後は、集落の人にミョウガの溜まり漬け[1]のレシピを教えてもらいました。これをおにぎり協会[2]に渡して、おにぎりの具として使ってもらい、クックパッドの公式キッチンに掲載してもらいました[3]。辻又の米とミョウガで作ったおにぎりのレシピとともに、私たちの活動の目的や辻又の情報も載せていただきました。日本最大の料理レシピサイトに情報を載せることで、より多くの人の目に触れ、辻又や南魚沼、地域活性化の活動などに関心のな

　かった人たち、単におにぎりのレシピ検索を目的とした人たちにも辻又の情報を伝えることができます。

　昔は集落の人みんなが山へ採りに行っていたそうですが、集落の高齢化にともない今は放置されて、蕾が花になり、そのまま枯れていくだけになってしまっていますが、このミョウガを辻又の特産品にできるのではないかと考えています。今後、ライスミルクと同様に、商品化の可能性も探っていくつもりです。

　　　　　　　　　　　　　　　　　　　　　　　　　　　　　　　　（大嶋）

1）一定期間漬け込んでから塩抜きをし、たまりや醤油などを主原料とする調味液に漬け込んだもの。
2）おにぎりが、日本の誇る「ファーストフード」であり「スローフード」であると定義し、その文化的背景も含めて国内外に普及させていくことを目的としている団体。
3）128、129頁参照（クックパッド　おにぎりジャパン公式キッチンより）。

クックパッド掲載のレシピ

おにぎりジャパン公式キッチンより。
http://cookpad.com/recipe/3440967

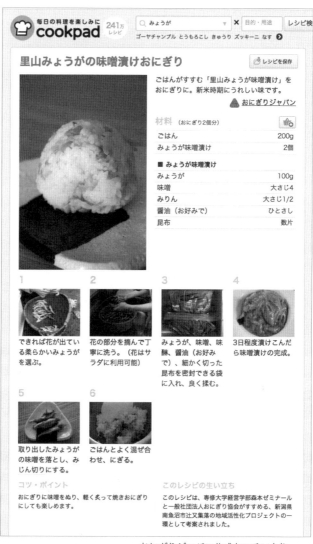

おにぎりジャパン公式キッチンより。
http://cookpad.com/recipe/3441064

寄稿

都市と地方をつなぐ

株式会社代官山ワークス　代表　丸山　孝明

　弊社は「太陽のマルシェ」の事務局を運営しております。「都市と地方をつなぐ」ことをビジネスの根幹に、モノだけではなく、人と人をつなぐ「縁」をつくる会社です。その1つのアプローチとして、マルシェやファーマーズマーケットなどの「食の産直市場」をさまざまな場所、企業、自治体と組み、企画運営しています。森本ゼミの学生さんの今回の取り組みは、まさに弊社が取り組んでいる「都市と地方をつなぐ」活動と同じで、新潟県南魚沼市の辻又集落の知名度を上げ、多くの人に現状を知ってもらうことで少しでも地方が抱えている課題を解決したいとの熱い想いに共感しました。

　学生たちの行動は早く、すぐに太陽のマルシェにて辻又の米を食べてもらうためキッチンカーで出店したり、ライスミルクのプロジェクトを立ち上げたりと……。

　都市と地方の「接点・タッチポイント」を積極的に双方向でつくることで確実にお互いの理解が深まり、「補完し合う関係」から「連携・連動・協働する関係」へ発展していくのではないかと感じています。

　しかしながら、地域の課題は、複雑かつ短期的な視点での解決は非常に困難です。国をあげ、地方創生の名の下に、さまざまな取り組みを行っていますが、なかなかうまくいきません。それは、特定の地域で成功したからといって、同じ手法が必ずしもほかの地域で通用するとはかぎらないということです。ここではあまり深くは触れませんが、逆もしかりということも言えます。地域の人たちを巻き込み、辻又だけではなく、広く同じ境遇の地域をケーススタディーとして学び、議論することも必要かもしれません。

　私がこれからの日本をつくっていくであろう学生の皆さんに期待することは、答えがないことに挑む勇気をもち、行動を起こすことと地域に還元でき

るビジネスモデルをつくること。今回の辻又での活動を通して、答えがないことに不安をもつのではなく、答えがないからこそ挑むマインドをつくり、他人事を自分事化していただきたいと思います。

　また、地域に還元できるビジネスモデルは、当然、時間とお金にはかぎりがあり、単年では難しいです。ビジネスの種を後輩につなぎ、卒業生も継続して辻又に関われるしくみを、森本先生を中心につくっていただけることを願っております。

※　太陽のマルシェは、2013年9月から毎月第2土曜日と日曜日に東京都中央区勝どきにて定期開催しています。食べる、買うだけでなく、イベントやワークショップで学んで体験までできる、子連れには嬉しい日本最大級都市型マルシェです。

寄稿

選んでもらうしくみづくりを「おにぎり」で

　　　　　　　　一般社団法人おにぎり協会　代表理事　中村祐介

　おにぎり協会は、日本が誇る和食のルーツ「おにぎり」を、国内外に広める活動をしています。日本人なら誰もが知っているおにぎりの価値を最大化することで、日本のコメの普及、ひいては日本全国の地域活性や一次産業振興に役立つと考えています。

　いま、多くの企業や自治体は、自分たちの魅力をどう伝えれば生活者に選んでもらえるのかという課題に直面しています。インターネットの普及などで、生活者の情報リテラシーが高まる一方の昨今、自分の魅力を自ら声を大にして話しても、耳を傾けてもらえません。おにぎり協会では、そこに第三者的な立ち位置で魅力を伝える役割を担おうとしています。

　具体的には、2015（平成27）年3月11日、岩手県陸前高田市のお米「たかたのゆめ」をおにぎり協会認定第1号として市長に認定証の授与をいたしました。数あるお米のなかで選んでもらうしくみづくりの手助けを、復興支援の意味合いも込めて企画したのです。市では、この認定をきっかけに「たかたのゆめ」を中心とした市のPRを積極的に展開しています。

　また協会の広報活動として2015年5月には、イタリアのミラノで行われた「ミラノ国際博覧会」（ミラノ万博）へ登壇し、おにぎりの歴史と魅力を説明、実際に来場した諸外国の人たちにおにぎりを試食してもらい、にぎる体験をしてもらいました。彼らのフィードバックから、おにぎりが「和食」として認知され、日本以上にブランド価値があることを実感できた貴重な場でした。

　森本祥一先生から南魚沼市辻又集落の活性化のご相談を受けたのは2015

年6月でした。大学生の力を活かした集落活性化事業というユニークな取り組みを聞くなかで「おにぎり」で何かできないかという話になったのを覚えています。地域を活性化させる上で大切なのは、選んでもらうしくみづくりに加えて、地元の人たちが納得できるストーリーづくりです。2015年7月には協会理事が辻又へ調査に行き、「ミョウガ」に着目しました。辻又のお米を食べてもらう上で、具としてほかの地域のものを入れても面白くありません。辻又の魅力をおにぎりのなかに閉じ込める必要があります。このミョウガを「里山みょうが」と名付け、大人のおにぎりを開発し、そのレシピを「辻又おにぎり」としてクックパッドで公開しました。

　レシピを通じて辻又を知ってもらうことは、地域活性の第一歩でしかありません。お米には、春の「田植え」の時期と秋の「稲刈り」の時期で年間少なくとも2回大きなイベントがあります。そしてその間にある夏の時期に収穫されるのがミョウガなどの夏野菜です。辻又おにぎりを通じて、生活者に少なくとも年間3回のアプローチを行うことができます。
　今後は実際に人が動くしくみづくりを展開していけたらと準備をしています。この手法を用いていけば、辻又にかぎらず各地の魅力をおにぎりで打ち出していけるのではないでしょうか。

Chapter 5
「活性化」を経て生まれたモノ

住民とのさまざまな交流

　私たちは、最初に辻又を訪れた2014(平成26)年8月以降も定期的に訪問し、集落の人たちとの親交を深めてきました。新潟県から受託した事業は2014年度末をもって満了していますが、そのあとも田植え見学、山菜採り、ホタル観賞、運動会参加、ミョウガ採り、新米試食、雪まつり参加など、訪問を続けました。

　2015(平成27)年5月には、田植えの様子を見学させてもらったあと、山菜の採れる場所に案内してもらいました。
　時期的にはもう遅く、「採る」というほど見つけられませんでしたが、ウドやゼンマイなどがまだ少し残っていて、辻又の林山資源の豊かさを実感しました。そのあと、集落の人があらかじめ採っておいてくれた山菜の料理をいただきました。5月も終わりだというのにまだまだ雪が残っていて、森の新緑と雪のコントラストが印象に残っています。

　辻又を訪問した際に、手作りのご飯をご馳走してもらったことが何回かあります。辻又でとれたお米を使ったおにぎりや、旬の山菜をいただきました。米も山菜も辻又で採れたということもあり、より美味しく感じたのを覚えています。特に印象に残ったのは、山菜の美味しさです。ボイル、煮物、天ぷら、和え物など、いくつかの山菜料理をいただきました。中でも一番美味しかったのが、ウドの天ぷらです。ウドを天ぷらにすることでいっそう、味が引き立っていました。また、根曲がり竹のボイルも新鮮でした。その細さと小ささには驚きました。味は普段食べるタケノコと同じですが、歯ごたえがまったく違いました。
　毎日の生活のなかで山菜を採ったり食べたりする機会はなかなかないので新鮮に感じましたし、自然豊かな辻又であるからこそ味わえる幸だと感じました。

旬の山菜

飛んできたホタル

　7月には、ホタル観賞に行きました。1年前の現地調査でホタルが見られることを聞いていたので、ホタルが出たら連絡をください、と集落の人にお願いしておいたのです。

　ホタルが見られる期間は、6月末から7月初旬の2週間ほどしかないそうです。当日は昼過ぎに訪問し、日中はインタビューをしたり後山の慰霊碑までの山道などを散策して、夜を待ちました。あたりが暗くなってから、県道の南側からホタルを探して北上しました。峠の清水あたりで一旦車を停めて探してみると、1匹だけ見つけることができました。大群は見られないのかな…と半ば諦めながら集落の中心部に向かっていくと、その数がどんどん増えていき、多目的センターに着く頃にはたくさんの光が飛び交っていました。さらに北に行き、辻又神社と魚沼伝習館の中間あたりの田んぼの畦では、数百匹はくだらない数の大群を見ることができました。生まれてこのかた見たことのないような、幻想的な光景でした。集落の人たちも、久しぶりにこんなにたくさんのホタルを見たよ、と言っていて、感動を分かち合うことができました。

8月は辻又大運動会に参加し、その翌月には、ミョウガの花が出たよ、と集落から連絡をいただいてすぐ、おにぎりのレシピ開発のために訪問しました。

　11月には、新米を食べにおいで、と誘っていただき、ゼミに採用が決まったばかりの2年生2人も連れて訪問しました。みんなで炊きたての新米でおにぎりを握って試食しました。辻又のお米で握ると、普段の倍の量くらいはペロリと食べられてしまいます。その際に、年明けの雪まつりにもぜひ参加してほしい、と誘っていただき、日程も私たちの都合に合わせると仰ってくれました。

　またこの時期、集落の方でも活性化に向けた動きがあったようで、若手の40～50代の人たちによる会合が、定期的に開かれるようになったと聞きました。そしてその会合に、私たちもぜひ出席してほしいということでした。日程はまた後日調整するということにして、その日は辻又を後にしました。

　年が変わり、2016（平成28）年2月、雪深い辻又を訪問し、雪まつりに参加しました。

　いつもは車で訪問するのですが、積雪のため、今回は新幹線で朝の8時半に浦佐駅に到着し、集落の方に迎えに来ていただきました。10時からはお祭りの準備をお手伝いしました。多目的センターのグラウンドに積もった雪の中に通路を作り、次に通路の雪壁にロウソクを立てるための正方形の穴をショベルであけていきました。思ったよりも重労働で、天気も良かったため、大量の雪に囲まれながらも汗ばんでしまうほどでした。

　それが終わると、多目的センターの2階にみんなで集まり、お餅や豚汁、お酒などがふるまわれました。くじ引きで景品がもらえたり、遅めの節分として豆まきをしたり、とても楽しい時間を過ごしました。

　片付けが終わったあとは一旦解散し、夜を待ちます。日が暮れて暗くなりはじめたので、午前中に掘った雪の穴ひとつひとつに点火したロウソクを立てていきました。すべての穴にロウソクの火が灯ると、まるで別世界が眼前に広がったようでした。炎の揺らめきがなんとも言えず幻想的で、ホタルの大群とはまた違った美しさでした。いつまでも眺めていたい気分でしたが、

美しいものというのはやはり儚いもので、ロウソクの灯の熱で雪が溶けていき、灯篭が崩れたり灯も消えたりしてしまうのです。それでもその美しさは素晴らしく、特に多目的センターの２階の明かりを消して窓から眺める光景はまさに「絶景」でした。自らが汗を流して作ったことも、余計に美しく見える一因なのだと思います。

このような素敵なイベントを、私たちや集落の人たちだけで楽しむのは本当に「もったいない！」と感じました。体験型イベントとして、広く外部からの参加を募れば、これもまた町興しの一環として活用できるのではないかと思います。

私たちが訪問を続ける意義

このような交流を通じて、都会ではできないことをたくさん体験することができました。実際に自らが訪問し、体験しながら学ぶことで、その都度新しい辻又の魅力を知り、活性化に有効かどうかを肌で感じ取っていきました。集落の側から誘っていただくことも、私たちから声をかけることもありました。

こうした定期的な訪問は、交流を深め、辻又の情報を知ることができるだけでなく、限界集落の防止策のひとつである「目配り機能」の役割にもなっていたと考えられます。目配り機能により、誰かしらから気にかけられている、見守られていると実感することで、それが心の支えになります。限界集落化を防ぐためには、地域住民の「諦め」の拡がりを防止し、それを取り除くことが必要です。大切なのは、誰かがその地域を強く「見つめる」、「目配りをする」ことなのです[1]。

「目配り機能」の役割は、行政だけでなく、私たちのように都市部出身の若者が果たすこともできるのです。ただ見守るだけでなく、私たちが行ってきたような山菜採りやホタル観賞、運動会、ミョウガ採り、雪まつりなど、一緒に何かを行うことで、一部の人だけでなく、集落全体で私たちの「目」を意識してもらうことにもつながりました。実際に集落の何人かの方に伺っ

たところ、気にかけられている、見守られているという気持ちになったと言っていただけたことから、私たちが目配り機能として効果を発揮したことがわかりました。私たちは、これからも訪問を続けていきたいと思っています。

---

1) 大西隆、小田切徳美、中村良平、安島博幸、藤山浩（2011）『集落再生「限界集落のゆくえ」』、ぎょうせい。

「世代間交流」としての本活動についての考察

　私たちが取り組んでいる集落活性化に向けた活動は、世代間交流[1]としてとらえることもできます。

　現代は核家族化が進んだことで祖父母などの高齢者や地域のさまざまな世代とふれあう機会が少なくなっているため、子どもが人間関係を構築する能力を育てる手段として世代間交流に注目が集まっています。

　特に、辻又の人たちと交流していて感じたのは、「よそから来た大学生がこんなに頑張っているんだから、自分たちも頑張らなくては」という動機づけになっていることです。これは、若者の感情、目的、価値観が高齢者に影響を与えている良い例です。私たちは実際に世代間交流にどれだけ効果があるのか、以下の6つの活動について考察してみます。

① 定期的な訪問

　大学生と交流や意見交換を行うことで、高齢者は集落の魅力の再発見ができました。地域に住み続ける意味や誇りを感じることができ、大学生が活動をしていくことで、互恵性の規範[2]の効果が表れました。

② ライスミルクの商品化企画

　辻又集落と企業の間に大学生が介入することで、高齢者とライスミルクというトレンド商品とのパイプ役となり、高齢者の新しい環境適応の手助けとなりました。また商品化の可能性を示せたことで、意欲と活動力の低下によ

るあきらめの早さが解消されました。

③ 小学校での講演

　大学生が、集落の高齢者と都会の小学生との交流のパイプ役となり、さらなる世代間交流を可能にしました。また手紙のやり取りを仲介することで、異なる価値観の共有を可能にしました。

④ マルシェでのおにぎり販売

　辻又の米のおいしさを、他地域の人にも味わっていただき、その感想をもらうことで、辻又集落の魅力を再確認することができました。

⑤ 運動会参加

　勝ち負けを一緒に共有し助け合いをしていくことで、活動的・外交的に変化していきました。

⑥ ソーシャルメディアによる集落の情報発信

　FacebookやTwitterなどにより、第三者目線で集落の魅力の再発見をすることができ、地域に住み続ける意味や誇りを感じることができました。

2014年秋から始めたFacebook

　昔は、ひとつ屋根の下に３世代が一緒に暮らしていることが当然の時代でした。そうした交流が減少してしまった現代においても、持続可能な地域社会の形成には、やはり多くの世代の参加が不可欠です。このようなコミュニティづくりには、異なる世代が対等の立場で協同していくことが重要と言われています。高齢化により住民の世代の偏りが出てしまった地域では、外部から異世代が入り込んで交流することで、コミュニティの結束を強める効果があるとわかりました。私たちは、辻又の情報流通の担い手としてだけでなく、欠けた世代の穴を補う役割も果たしていたと言えるのです。

1）高齢者と青少年の間でお互いの能力や知識を意図的・継続的に交換し合う社会的媒体。
2）相手から何かをしてもらったら、自分も何か報いなければ、と思う気持ち。

　集落を訪問したとき、いつも佐藤和子さんが私たちにご飯を用意してくれました。申し訳ない気持ちでしたが、和子さんのご飯はいつ何を食べても美味しくて、幸せな気持ちになります。辻又で収穫された辻又産コシヒカリに、山菜、ミョウガ、野菜など辻又の食材を使った料理が食べられるのは貴重でした。みんなでおにぎりを握って一つのテーブルを囲んで話をしながらご飯

を食べるというのはささやかなことに思いますが、大事な交流の一つだと感じました。また、集落に1週間滞在しているときは、多くの人たちから野菜のおすそ分けなど、都会の生活では味わえないような優しさを貰いました。小さなことが交流につながっていると感じました。

(寺嶋)

「新しい公共」という視点 ——新しい課題に取り組む

　今回の私たちの活動を、神戸大学経済学部藤岡秀英教授の「地域活性化の理論と大学教育を通じた実践」と比較してみます。

　2009（平成21）年7月、神戸大学大学院経済学研究科と兵庫県多可町とのあいだに「まちづくり・むらづくりに関する協力・協定書」が結ばれ、多可町観音寺集落から「大学生を招くむらづくり」の活動が始まりました。5年間にわたる神戸大の学生と観音寺集落とのコミュニティづくりが、藤岡教授の論文[1]で明らかにされています。

　当初は、「多可町菜の花エコプロジェクト」として、集落で採れる菜種の選別作業に藤岡ゼミの学生が参加していました。学生たちは、1〜2年経つと卒業していき、新しいメンバーと入れ替わります。観音寺集落でも、プロジェクトに携わる役員は年度ごとに交代してしまいます。このような「参加者の交代」を前提に活動を続けることは容易ではありません。そこで2010（平成22）年春に提案されたのが、学生流むらづくりプロジェクト「木の家」です。集落の共有林を使って、ログハウスを建設したのです。これを学生サークル活動として継続させ、当初は4名から始まりましたが、毎年、新入生を迎えながら、2015（平成27）年には40名を超える規模になりました。サークル活動であれば、毎年、先輩から後輩へ引き継ぎがきちんと行われ、メンバーが入れ替わっても「菜の花エコプロジェクト」と「木の家」の活動が継続できるようになったのです。学生は、集落の人々の「視界」を体験し、また、集落の人々も学生の立場を考えながら、その「視界」を体験しています。そして、現在も学生主体でプロジェクトを進めています。

> **ポイント**
>
> ### NPOと地元集落
>
> 　辻又にも「魚沼伝習館」というNPOがあり、地域の活性化に取り組んでいます。私たちは当初、伝習館の話を聞いたとき、NPOという組織の活動や役割を理解していなかったため、その目的がわかりませんでした。伝習館代表の坂本さんからお話を聞いて、一緒に活動していくうちに、だんだんそれが理解できるようになりました。坂本さんも、集落の人たちと活動していくことの難しさを私たちに話してくれました。私たちのような外部の人間から見ると、地元集落とNPOに意見のすれ違いがあるように感じました。その間に、私たちが緩衝材、潤滑剤として入ることで、お互いの理解を促進することができるのではないかと期待しています。そのほか、現在「地域おこし協力隊」として2世帯が辻又で活動しています。集落、NPO、協力隊、自治体、そして私たちがひとつになれば、必ず良い結果につながると確信しています。

　私たちは活動を始めてからまだ1年半ほどで、メンバーも1～2年で交代となります。ですが、集落の人たちと体験をともにすることは、神戸大の事例と同じです。山菜採りやホタル観賞、運動会の参加など、集落の人たちと同じ「視界」を体験してきました。都市型マルシェの参加やライスミルクの商品化企画では学生たちでアイデアを出し、集落の人たちに意見をもらい、協力して活動してきました。私たちにできることは、辻又を訪れ、そこでの「視界」、つまり「情緒的価値」を、より多くの人に知ってもらうことです。私たちが来るのを毎回楽しみにしてくれている集落の人たちがいます。私たちが来てから、集落の雰囲気がとても明るくなったと言ってもらっています。私たちの役割は、集落とさまざまな外部の支援者との橋渡しなのではないでしょうか。

　地域の課題を解決し、地域創生につながる新たなコミュニティづくりに対して、神戸大のようなボランティア・サークルや、NPOといった「新しい公共」[2]とも称される組織への期待が高まってきています。藤岡教授の論文では、自治会や町内会などの「地縁型組織には、経済社会の構造変化、雇用の減少、人口の減少に対応する「新しい課題」への対応能力はほとんどない」

とされています。NPOやボランティア・グループは、こうした地域の「新しい課題」に取り組む集団です。しかし「日本のNPOの規模はまだ小さく、専門集団としては経験も浅い。人件費を含む活動資金の調達にも、国や自治体の補助金に依存するところが大半を占める。上記の相違点から、地縁型組織とNPO、ボランティア・グループが連携・協力することは容易ではない」とも述べられています。

辻又にも「魚沼伝習館」というNPOが入っており、さまざまな支援活動を行っています。この伝習館から勉強させてもいただいたこともいろいろあります。今後も、ライスミルクの商品化などの6次産業化の支援や再生した古民家の有効活用などを一緒に進めていく予定です。私たちが、地縁型組織である辻又集落と、「新しい公共」である伝習館をつなぐ懸け橋になれれば、上で述べたような課題を解決できるのではないでしょうか。

---

1) 藤岡秀英 (2015)「地域活性化の理論と大学教育を通じた実践」『地域活性学会研究大会論文集』7号, 267～270頁, 地域活性学会.
2) NPOや企業が公共的な財・サービスの提供主体となり、医療・福祉、子育て、まちづくり、環境、雇用、国際協力などの分野において共助の精神で行う仕組みや、活動のこと。内閣府 (2011)「新しい公共支援事業の実施に関するガイドライン」より。

コラム

古民家再生による活性化の事例

現在、全国各地で古民家再生の取り組みが行われています。

南魚沼市に隣接している新潟県十日町市松代町の竹所集落は、現在9世帯しかなく、辻又と同じく限界集落と呼ばれています。この竹所の活性化を行っているのが、カール・ベンクス氏[1]です。ベンクス氏は、日本の民家に強く惹かれ、1993年に竹所の古民家を購入して再生に着手しました。ベンクス氏が手がける古民家再生は、築百年以上の古い民家の骨組みだけを活かして、それ以外は新築の家と同様に作り直します。このやり方で再生すると、今では貴重なケヤキの梁や柱を後世に伝えることができるなど、長い年月を耐えてきた古民家の良さを最大限に活かすことができ、さらに機能性を重視したドイツ製のペアガラス[2]、サッシ、キッチン、ストーブ、鉄平石[3]などを使用して住み心地のよい家にできます。

ベンクス氏の取り組みには、「竹所プロジェクト」と「TAKATOKO 夢プラン」があります。これらのプロジェクトは、1994年にベンクス氏がドイツから移住したあと、双鶴庵（ベンクス邸）を建築したことから始まりました。

　竹所プロジェクトには、「TAKATOKO 米作り」、「HOCHBEET ホッホベート」、「イベント at イエローハウス」、「ミズバショウ増やそうプロジェクト」の4つが含まれます。HOCHBEET ホッホベートは、ドイツでは一般的な家庭菜園用の箱畑のことで、土を高く盛ることで、集落の高齢者が屈んで腰に負担をかけずに農作業できるようにするプロジェクトです。ミズバショウ増やそうプロジェクトは、竹所集落を流れる川の上流の、ちょっと人目につかない場所に群生するミズバショウを、もっとたくさんの人が楽しめるように下流のほうにも増やしていこうというプロジェクトです。TAKATOKO 夢プランは、行政主導による「地域復興デザイン」として進行中です。環境整備や賑わいの場を作ることなどを指針として、竹所らしい景観作りをするためにベンクス氏がさまざまなアイデアを出し、デザインをしています。たとえば、盆踊り広場復活プロジェクトや竹所水飲み場整備を実施し、2010年に完成させました。

　ベンクス氏は、日本の文化に興味を持ち、古民家の再生が、スクラップアンドビルドに象徴される現代日本の価値観の見直しにつながると考えたのです。ベンクス氏の活動から、ドイツからわざわざ移住して限界集落という日本の問題に取り組んでいる人の、こうした外部からの視点や力が、活性化に大きな影響を与えるのだとわかりました。

　辻又にも、再生された古民家が一軒あります。私たちが現地調査を行った2014年８月には資金的な問題で再生が中断していましたが、2015年には外装の修理が完了し、今後は内装の補修も行われるようです。完成後の用途についても、集落でいろいろと意見を出し合っていて、私たちも古民家の有効活用に何かお手伝いしたいと思っています。ベンクス氏の竹所集落の事例や、秋田県五城目町の SHARE VILLAGE [4]のように、再生した古民家によって活性化に成功した事例もあり、辻又の古民家も活かし方次第で活性化に貢献できるのではないかと期待しています。

（寺嶋）

1) 1942年ドイツ・ベルリン生まれの建築デザイナー。
2) ２枚の板ガラスの間に乾燥空気を入れて密封し、組み立てたもの。断熱性・遮音性にすぐれ、結露防止にも有効である。
3) 長野県諏訪市東方の福沢山から、佐久市岩村田にわたって産出する新第三紀の複輝石安山岩の石材のこと。
4) 「年貢」と呼ばれる会費をおさめた「村民」が、予約して古民家に宿泊したり、農作業体験などができる仕組み。古民家だけでなく、関東でも「村民」同士の交流イベントが行われている。立ち上げ時はクラウドファンディングで「村民」を募集しており、グッドデザイン賞も受賞している。このような独特な情報システムの構築が成功につながったと考えられる。
http://sharevillage.jp/

サービスラーニングという観点 ──社会の一員として

　私たちが行ってきた活動は、「サービスラーニング」としてとらえることもできます。近年、ボランティアを通じた学修であるサービスラーニングに力を入れている大学が増えています。地域貢献の活動に参加することが、大学での学びへの関心を高めるとともに、人間的・社会的な成長に寄与するとされているからです。

　サービスラーニングとは、サービスを通じて現実社会への何らかのインパクトを与えることです。実際に人々の役に立つという、リアルな体験を通じて、学生が学びと成長を得る学習プログラムです。サービスラーニングでは、どのように人々に良い影響を与えたか、自分自身が何を学んだかという「振り返り」が重視されています。

　2014（平成26）年８月に辻又を訪問する前、私たちは地域活性化の先行事例、米に関する知識、ブランド構築に関する知識について学びました。しかし実際に現地調査してみると、本を読むことでは知り得なかったことがたくさんありました。特に、地域住民との交流が活性化する上でいちばん重要であることがわかりました。しかしその一方で、友好的な関係を築く難しさも実感しました。集落の人からみると、私たちは「よそから来て、何か新しいことを始めたよくわからない学生」だからです。そのような状況で、どのようにしたら友好的な関係を築くことができるのか、何か手助けできることはないのかという試行錯誤を繰り返しながら、「生きた知識」を学ぶことができました。

　集落の人にやる気を出してもらうためには、動機づけが必要となってきます。そこで私たちは、辻又産の米を使ったおにぎり販売やライスミルクの商品化企画を通じ、集落の認知度向上とともに、活性化への希望の光を示すことができました。斬新な取り組みは、集落の停滞傾向を打破する効果があります。辻又集落に私たちが訪れるようになってから、「希望が持てた」、「若

い人と話せて新鮮で楽しい」、「集落内で会話が増えた」といった声をいただきました。さらに、「よそから来た若者がこんなに頑張っているんだから私たちも何かしなくては」といった動機づけになっている様子も見られました。

　しかしその反面、サービスラーニングは、コミュニティにおけるさまざまな意見対立やニーズ、社会の構造的な問題を、公共的議論の俎上に載せることなく、私的なやり取りで解決してしまうといった問題が起こることもあるそうです。今回の活動中に集落の人々と議論をする機会がたびたびありましたが、むしろ、私たちがその場に居合わせることで、普段は話しにくい話題について議論しているように感じました。

　サービスラーニングの効果を「市民社会形成」という観点からとらえると、「共同で集団の問題を読み解き、その解決を図るプロジェクトへ参加し、そのプロジェクトにおいて他者とつながり、自己の主体位置を再定位し、社会をより多元的で公平なものへと再構築することである」と言われています。つまりサービスラーニングは、単に大学と地域社会をつなぐものとしてではなく、若者が社会のなかでの自分の立ち位置を再確認し、社会的な参加を促進する効果があるということです。私自身、この活動に参加しなければ、「限界集落」という社会問題について真剣に考えることはなかったでしょう。そしてただ考えるだけでなく、「社会の一員」として、解決に何かしらの貢献をしたいと思っています。

（大嶋）

参考：若槻健（2007）「大学と地域社会をつなぐサービス・ラーニング」『甲子園大学紀要』35号，21～28頁，甲子園大学。

「情報システム的視点」からの考察

　「情報システム」と聞くと、真っ先にコンピュータを連想する人も多いのではないでしょうか。最も身近で、最小の情報システムは人と人との「コミュ

ニケーション」です。コミュニケーションはコンピュータが出現するずっと以前からあります。つまり情報システムはコンピュータの有無にかかわらず存在していることになります。

　人は独りでは生きられません。人は家族や地域社会など、種々の関係によってつながっていますが、どのような関係も、その根底にはコミュニケーションを通した情報のやり取りがあります。つまりこうしたつながりは、情報システムそのものであるといえます。

　ここで、私たちと辻又のつながりを、ひとつの情報システム（組織、コミュニティ）としてとらえてみると、いろいろなことがわかってきます。

　私たちが辻又集落に介入し、辻又集落のなかにある情報を、あらゆる伝達手段を使って発信していくことで、さまざまな人にその情報が届き、徐々にこの活動が大きくなっていきました。代官山ワークス、Woo-By.style、おにぎり弁慶、おにぎり協会、根岸小学校とつながりを持つことができた、つまり情報システムが拡大していきました。情報システムが広がったことによって、そこからさらに広い範囲に情報が届き、フィードバックも強くなります。これをさらに広げ、もっともっと多くの人に私たちの活動を知ってもらい、辻又の認知につなげていきたいと思います。

　より良い組織を作るためには、人間関係を強化できる情報システムのデザインが重要とされ、構成員に対する情報のフィードバック機能が組み込まれ、かつ現実的に機能しているかということを考慮すべきであると言われています。たとえば企業という組織において、社員が自分の役割や評価を認識し、組織参加の意義をとらえることができるしくみを持っているかということです。このため、表彰制度などを設けている企業も多くあります。辻又の情報システムは、私たちの介入によって変化し始めています。それによって、住民が第三者（私たちや私たちから情報を受け取った人たち）の目を通して辻又の魅力を見つめ直す「鏡効果」が得られたり、日常会話が増えたりなど、少しずつではありますが、効果が表れています。「専修大学の学生に協力すれば何かいいことがあるかもしれない」と思ってもらえれば、それがフィー

ドバック機能として働くようになると考えられます。しかし、私たちに協力することの効果を理解している住民は、まだ一部だけです。ライスミルクの商品化など、何かしらの成果を出し、「努力は報われる」「自分が動けば何か変わるかもしれない」ということを理解できれば、集落全体でフィードバックが機能するようになると期待して活動を続けます。

　また、認知度向上のためには、ただいたずらに情報システムを拡大し、情報を流せばよいわけではありません。その情報に価値があると思っている人に対して、的確に情報を発信する必要があります。その情報を必要としていない人に対して情報を発信したとしても、価値がないと判断されてしまう、もしくは見向きもされません。

　「情報としての価値はその生起確率の低さ、非日常性、意外性、広域性、一般性、自分との関連、確実度、事件度などによって決まる。そして、これらの評価基準は情報の受け手の日常習慣、生活環境、文化的背景、知識量、社会的地位、情報の理解度、つき合いの広さなどによって決まる」[1]とされています。

　たとえば「辻又でミョウガが採れます」という情報は、誰にとって価値のある情報なのでしょうか。辻又集落に興味を持ち移住したいと思っている人には価値のある情報と言えるでしょう。ミョウガが好きな人にとっては興味を持つきっかけとなる情報でしょう。しかし辻又をまったく知らない人にとっては、「ミョウガが採れる」という情報には何の価値もないかもしれません。

　では、なぜおにぎり弁慶さんや代官山ワークスさんは、辻又や私たちの情報に価値があると思ってくれたのでしょうか。

　おにぎり弁慶さんからご協力をいただけた要因としては、私たちの活動に賛同してくださったことが大きいと推測します。おにぎり弁慶さんのミッションのなかにある「日本文化である米をたくさんの人にもっともっと食べてもらいたい」という想いが、私たちの活動の動機と結びついていたからではな

いでしょうか。先ほどの情報の価値でいう「自分との関連」が強いため、価値があると判断されたのでしょう。

次に、代官山ワークスさんはなぜご協力してくださったのでしょうか。代官山ワークスさんは、マルシェ運営だけでなく、地域の商品開発や新規就農支援なども行っています。つまり、先ほどの情報の価値判断の尺度でいうと、「知識量」も多く、「情報の理解度」も高くなり、私たちの活動の情報に価値があると思っていただけだったのだと推測しました。

ここで、私たちがこれまで辻又のために実践してきた情報発信を、先ほどの情報の価値と尺度に照らし合わせてみます。

・都市型マルシェへの出店、小学校での講演は、直接対面で会話することで、発信した情報と情報源（発信者）が離れていないため、想いや意図が伝わりやすく、「確実度」が高い

・小学生からの手紙や、マルシェで直接手渡したチラシは、自分のために作ってくれたという想いが伝わるため、「自分との関連」が強くなる

・ライスミルクの商品化企画は、米をそのまま売るのでなく、飲み物として商品化するため「意外性」がある

・辻又のミョウガを使ったレシピの開発とクックパッドでの公開、Twitter、Facebookによる情報発信は、インターネットを経由して世界中へ情報を届けられるため「広域性」がある

これまで実践してきた情報発信と、情報システムとしてみた私たちの活動の分析から、自ら体験しないとわからない情報（味覚、感情など）は、情報の発信源と受信者が乖離しないよう、直接対面で伝えることが有効であることがわかりました。また、視覚でとらえることができる情報は、より多くの人に知ってもらうことでバンドワゴン効果[2]が生まれるため、ソーシャルメディアなど、インターネットによる発信が有効であることがわかりました。

このように、伝えたい人との距離や伝えたい情報の内容によって、伝達手段や情報そのものを変えていくことが、活性化には必要であることがわかりました。

(大嶋)

1）浦昭二 監修, 神沼靖子・内木哲也 著（1999）,『基礎情報システム論』, 共立出版。
2）多くの人が知っている情報ほど、価値があると思える効果。

Chapter 6
私たちは何を「活性化」できたのか

「情報システムの視点」から見た集落活性化

　今回の辻又集落活性化にあたり、私たちはICTの活用を前提として臨みました。しかし現地調査や辻又の人たちとの交流を続けていくうちに、実はゼミで普段から学んでいる「情報システム」という考え方自体が重要だと気づいたのです。

　人は、自分以外の誰かと関係を持っており、ほかの誰とも関係せずに生きていくことはできません。つまり私たちは、「張り巡らされた人間関係のネットワーク内のどこかに位置づけられて生きている」[1]のです。どのような人間関係でも、相互のコミュニケーションを通じた情報のやり取りがあります。人間関係は、「関係者間相互の情報伝達」によって形成される人間同士のつながりです。家族や村などで、共同生活を営むための秩序ある人間関係を形成する「組織化」は、情報システムの形成そのものと言えます。

　このことから、集落も1つの情報システムと捉えることができます。このような「情報システムの視点」から限界集落問題を見てみると、従来までと

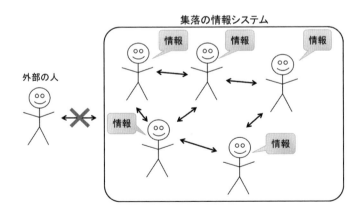

外部に閉じた情報システム

は違った解決アプローチが浮かび上がってきます。辻又のような集落の情報システムは、普段は閉じられていて、内部から外部へ情報が流れていくことはほとんどありません。また、外部から入ってくる情報も多くはありません。住民が多かった時期は、集落の中での閉じた情報システムであっても、すべてが内部で完結していたために、問題はありませんでした。

しかし徐々に住民が減っていくと、情報の発生源自体が減っていき、伝達する人の数も減ってしまうため、情報の経路が途切れて情報が流れなくなってしまいます。そうすると、社会的な活動にも支障が出てきます。たとえば、「こうするとおいしい野菜が作れる」や「ここでおいしい山菜が採れる」という情報を知っていた住民がいたとして、その住民がほかの住民にそのことを伝えず、集落外に出ていってしまう、もしくは亡くなってしまったりすると、集落内からその情報が失われてしまいます。また住民が少なくなると、人と人とのつながりがなくなっていき、伝達経路が途切れ、情報の流通が減ってしまいます。

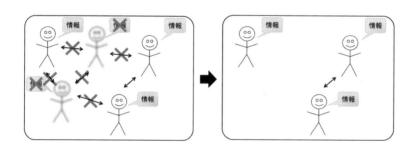

情報の発生源の減少と経路の分断

中山間地域の過疎化の原因として、「人の空洞化」、「土地の空洞化」、「むらの空洞化」という３つの空洞化が挙げられていますが、これらの根底には「誇りの空洞化」があると言います。地域住民がそこに住み続ける意味や誇りを見失い、それが進行すると「諦め」になり、それが広がると限界化を加速さ

からインターネットやスマートフォンなど、複雑な情報システムのなかに取り込まれ、必要以上に情報の洪水にどっぷりと浸かっている私たちにとって、辻又での数々の体験は日常を見つめ直すきっかけになりました。生きていくのに必要な情報と不要な情報を見分ける術(すべ)を身に付けることができたのではないかと思います。ほかにも、対面コミュニケーションの重要性やICTの使いどころの見極めなどについて、本や講義で学び「情報」として知っているだけではなく、試行錯誤しながら実践することで「知識」にまで昇華させることができました。

　私たちは今後も「辻又の情報システムの一員」としてこの活動を続け、集落への移住者や支援者が増えるなどして、辻又の情報システムが「完治」してくれることを願っています。

私たちが「活性化」できたこと ──心の活性化

　これまでの私たちの活動により、辻又が「活性化」に向かっているのかを調査するため、集落の人たちに「私たちが訪れるようになって、集落内の様子や皆さんの気持ちに変化が現れましたか?」という質問調査を実施しました。その結果、

「若者が辻又に来てくれるだけで活気が出て、元気が出る」
「集落に若い人が来てくれるだけで活き活きして、イベントも盛り上がるし、ありがたい」
「来てくれるのが嬉しくて待ち遠しい」
「以前よりも集落の活性化に関する話をすることが増えた」
「人口は増えてはいないが、辻又の雰囲気が前よりも明るくなった気がする」
「若い人がいないから、来てくれるのが楽しみだし、辻又に来てくれるのは助かる」
「活気がなくて静かだったが、若い人が来てくれると嬉しいし、感謝している」

で、イベントなど相手と直接対面して情報を伝える場合、相手の反応を見ながら必要な情報を判断し、身振り手振りや口頭で詳しく伝えることができます。また、表情や肉声を介するため共感を得やすいですが、一度に多くの相手と対面することはできません。

　また、マルシェの買い物客やクックパッドの利用者は、料理や素材にこだわりを持つ人が多く、そのような人たちをターゲットにして辻又の特産品を用いて情報を伝達することで、強い興味を持ってもらい、より効果的に情報が拡散していくと考えられます。

　このように私たちは、相手に応じて伝えるべき情報を選び、その情報の中身によって最も効果的な伝達手段を使い分け、まずは集落内の情報を集落外に発信してきました。このような情報発信は、ブランド・コミュニケーションにもなります。

　それに加え、都市型マルシェやライスミルクなど、都市部で流行している情報を集落の人たちに伝え、活性化策を一緒に考えました。また、小学校での講演やマルシェでのおにぎり販売の際に聞いた意見や感想、応援メッセージなどの情報を、私たちが直接集落を訪問して伝えたり、手紙を渡したり、集落外の情報を集落内に届けました。これは、すでに述べた「フィードバック」の役割も果たしています。つまり、私たちが媒介となり、集落の内から外へ、外から内への情報流通を行ってきたことになります。

　また、内外の情報流通だけでなく、集落内部の情報の循環も促進することができました。たとえば、私たちが訪問するまではそれほど交流のなかった住人同士のつながりが新たに生まれています。2014年の夏に私たちがゲートボールに参加したのをきっかけに、住民の中で参加するメンバーが増えたそうです。また、交流会や活性化策の議論の場などでは、普段住人同士では話さないような各自の本音や想いを語ってくださり、有意義な意見交換ができていました。実際に、私たちが訪れるようになってからは、活性化について話し合う機会が増えたそうです。

　辻又だけでなく、活動を続けてきた私たちにも変化は起こりました。普段

にすぎません。重要なのは、どのような情報を、誰に、どうやって伝えるか、そのためにどのような情報システムを構築するか、という点だということを、改めて認識しました。
(森本)

1）浦昭二 監修, 神沼靖子・内木哲也 著（1999）「基礎情報システム論」70頁, 共立出版.

辻又の「情報システム」に訪れた変化

ここで、これまでの活動を「情報システム」の視点から振り返ってみます。まず、新潟県の事業に採択されたあと、現地に1週間滞在して、フィールドワークにより辻又について調査を行いました。自らの足を使って現地を調査し、各家庭を訪問して話を聞き、辻又の魅力や課題、歴史、住民の体験などの「情報」を発掘していったのです。私たちが見聞きした情報は、逐一FacebookやTwitterによって外部に発信していきました。写真や文字だけでは伝わらない「米の味」については、マルシェを通じて直接「おにぎり」という商品を使って発信しました。また、新潟県庁での報告会や小学校での講演などを通じ、多くの人に情報を伝えることができました。

不特定多数の人の目に触れるFacebookやTwitterには、広く知ってもらいたい辻又の魅力や私たちの活動全般の情報に加え、おにぎり販売や開発したレシピの告知など、ほかの情報へ誘導するための情報を流しました。講演やイベントでは、手書きのカラーイラストや写真をふんだんに用いた辻又の紹介チラシを、声を掛けながら直接手渡したり、動画やスライドショー、アニメーションなどを用いて説明するなど、人の情緒に訴えかける情報発信を心がけました。

インターネットは、情報を届けられる人数は多いですが、文字や写真など、伝えられる情報量に限りがあります。また、発信者の顔が見えないので、情報の信ぴょう性や、その背後にある想いなどは伝わりにくいものです。一方

せてしまうのです。

　そこで私たちのような外部の者が入り込み、情報の循環を促すことが必要になります。私たちが媒介となることで集落の住民同士が話をする機会を増やしたり、集落内の情報を掘り起こして伝えたりして、集落内での情報の循環を回復させます。それに加えて、集落内の情報を外部に流し、集落外の情報を内部に伝えることで、集落としての社会的機能の回復を図ることができます。たとえば、普段住民には当たり前になっていて気づかない集落の魅力や、昔は知られていたが今は忘れられてしまった魅力などを発見し、それらを写真や文章という情報にしてインターネットという媒体で外部に発信する、その結果、外部の人に魅力が伝わり、その反応を集落の人に伝えることで活力につながる、という好循環が生まれます。私たちは辻又に何度も足を運び、外部に発信すべき情報を探し、外部の企業や団体に協力を要請して辻又とのつながりを作り、FacebookやTwitterなどのソーシャルメディアやチラシ、イベントなどを通じて流通させる、というように、辻又の情報システムを再構築することにしました。

　このようなアプローチは、辻又集落以外でも有効であると考えられます。私たちはフィールドワークによって情報を集め、情報の内容ごとに適宜伝達手段を考えて発信してきました。ICTは、情報を伝達するための単なる道具

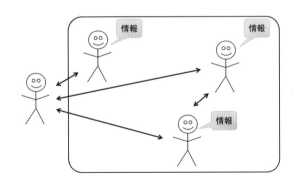

外部の者による経路の復元

「この交流をこれからも存続させたい」

という回答を得ることができました。

ほかにも後になって集落の方からこんな手紙をいただきました。

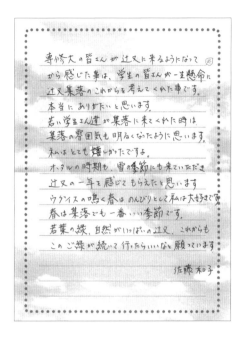

こうしたアンケートの結果から、集落の人たちに気持ちの変化が現れていることがわかりました。また、集落の存続や活性化に関することを、集落の人たちが自らの問題としてとらえ、自ら考える機会が増加したこともわかりました。辻又にしかない「情報」を、私たちを通して認識することで、「誇り」を取り戻し、辻又に住み続けることの価値を再確認し、「諦め」を取り除いて、辻又を存続させたいという想いにつなげることができました。本書では、これを「鏡効果」や「フィードバック機能」と呼んできましたが、ほかにも「集落点検運動」や「宝探し運動」、「あるもの探し」、「TN法」、「地区力点検」などとも呼ばれていて、そのためにさまざまな手法が開発されています。本書

で述べてきた「情報システム」の視点からのアプローチも、そのひとつとなるのではないかと思います。

　今のところ、残念ながら集落の経済基盤となるような、収益を生み出すしくみを作るまでには至っていません。それを「活性化」というならば、私たちの活動は「成功していない」のかもしれません。

　しかし、今、地域に必要なのは、お金だけではありません。私たちの活動によって、辻又の人たちの「心」は活性化できたと確信しています。心の活性化で生まれた活力を推進剤として、今後は経済的な面での活性化にもつなげていきたいと思っています。

Chapter 7
座談会
〜私たちのための未来へ〜

平成28年1月14日 専修大学生田校舎にて実施
司会：森本祥一
参加メンバー：丸山、福井、寺嶋、野谷、大嶋、井上（4年生）
　　　　　　　森保、小平、小林（3年生）

メンバーそれぞれがこれまでの活動を振り返り、おのおのが思っていること、考えていることを率直に語り合い、さまざまな角度からの意見を出し合うことで今後の活動方針を改めて考えてみたいと思います。

1 集落の活性化をやることになって、どう思いましたか。

丸山： はじめて聞いたときは、興味はありましたけど、本当に自分たちの力だけで活性化できるのかなという疑問と半々でした。

福井： 私は当初、普通に「面白そう」だなと思いました。「やってみたいな」という程度の甘い考えで、実際やってみると、自分たちの頭が固かったのか、単純な活性化策しか思い浮かばず、活性化につながる斬新なアイディアが出てきませんでした。授業では、過去の研究者・学者が考えた理論や学問体系を、本や先生の話を聞いて学んでいるだけなので、実際にそれらの理論に基づいて行動していたわけではないし、取り上げられた事例も、私たちが取り組んだものとは違うので、どうしていいかわかりませんでした。

寺嶋： 今まで学んできたことは、今回の活性化に直接活かすことは難しく、ブランド化の理論も学びましたが、じゃあ実際にどう使うんだということがわからなくて、もう一度みんなで勉強し直しました。実際に現場に

行ってやってみてはじめて、どの場面でどういう知識が必要なのかを感じることができました。テレビで地域の活性化を扱った番組を見たことがありますが、それは結局メディアの力が大きく、番組に影響されて盛り上がって活性化につながったのだと思います。学生が、一から過疎地を活性化するのは難しいのではないでしょうか。

森本： みなさんは、実際に、本当の意味での「活性化」を目指して活動していましたか。

丸山： それは、自分たちの力だけでは難しいという気がしていました。

福井： 私もそこまでは思っていませんでした。ただ、何かしら私たちが活動することで、何か変えられるんじゃないか。何もしなければ活性化はしないので、結果も大事ですが、やってみることに意味がある、と考えました。

野谷： 私は、自分たちがまず何をすべきかがわからないのと、なんだか難しそうというのが最初の印象でした。現地に１週間も滞在しなければならないことも、マイナスのイメージが強かったです。

森本： 神奈川産学チャレンジプログラムにも参加していたので、同時並行でできるか、という不安もあったようですね。

大嶋： テレビ・新聞・本などで「地域活性化」というキーワードは知っていましたが、実際に活性化するとはどういうことなのかわかりませんでした。自分でできるのか、という不安が当初はありました。実際に現地に滞在して、３日目くらいまでは、あと何日続くのだろうと本当に大変

だったのですが、4日目くらいからは楽しくなって、あと2日で終わってしまうことが残念になりました。

井上： 活性化という言葉を聞いたとき、私は山村に大きなビルが建ち、徐々に人が集まってきて発展していくというイメージを持っていたのです。でも実際に辻又に行ってみたら、そういったビルや店をつくる場所はないし、自然をそんなに簡単には壊せるものでもないでしょう。まず自分の中では「集落」に、「昔のもの」という偏ったイメージがあって、そういう共同体が存在していることが逆に新鮮でした。そういう新しいものを見たり体験したりするには、良いチャンスだと思ったんです。

森本： では、今の3年生はどうでしょうか。4年生と違い、私に言われたから行くのではなく、先輩たちが活動をやっているのを見て、自らの意志で参加したわけですが、その理由は何ですか。

森保： 私は、自ら行動して実践的な活動を行いたいと思ってゼミに入りました。まずは「実践」ということしか頭になくて、活動に参加してから「活性化」を意識し始めました。自分の目で、現実の「問題」を見て、考えるきっかけを作るためにも、自分で活性化を進めたいと考えました。

森本： 座学だけでなく、実践の場がほしかったということですね。このゼミでは、神奈川産学チャレンジプログラムにも参加していますが、それとの兼ね合いなどは意識しましたか。

森保： 人口減少という社会問題を扱う点や、先輩方が行ってきた活動の話を聞いて、人との関わりが強いと感じ、長期的な問題解決という点が、ビジネスコンテストとは大きく違う点だと感じました。

小平： 私は地方出身で、田舎で育ってきたので、もともと地域の活性化というものに興味があって、森本ゼミに入りました。実際に行ってみたら、私の地元と比べて自然が多く、驚きました。

小林： 私は地域活性化という言葉を聞いて、単純に「できたらかっこいい」と思いました。本当に、最初はその程度の気持ちでした。先輩方から米作が盛んだと聞いて、私の祖父母もお米を作っているし、私自身お米が好きなので、食べてみたいと思っていました。

2 活動を行ってみて、「限界集落」や「辻又」、「中山間地域」のイメージに変化はありましたか。

丸山： やってみて、やはり若い力が必要だと感じました。何をするにも人手が必要で、その行動力があるのは、年配の方よりも若い世代だと思います。最初は、自分たちが行くことで何かが変わるのではないか、高齢化率が高い集落の人たちだけで、辻又を広く発信していくことは難しいのではないかと考えました。実際の活動を通して、限界集落の厳しさを痛感しましたし、真の意味での「活性化」は厳しい道のりだと思いました。

福井： 私の地元は岐阜県下呂市で、市街地から離れると辻又のような山間地域も多いです。ただ、まだ子どもは多く、それに比べると辻又には本当に若い人が少なくて驚きました。

寺嶋： 限界集落というのも大小さまざまで、辻又のように人口が少なく子どもも少なくて、それらをみな同じように扱うことが正しいのかどうか、疑問です。実際に行ってみて、思ったよりも、集落の人たちがインターネットを使えなかったり、住民同士のコミュニケーションが少なかったりだとかを実感して、活性化を行うにあたっては、人との関わりが大事だと痛感しました。

森本： 新潟県の「平成26年度 大学生の力を活かした集落活性化事業」の対象となった複数の地域の中でも、辻又は人口がかなり少ないほうでした。他の地域は100世帯前後あったりするのに、辻又はその10分の1程度だったので、状況はかなり異なっていました。

野谷： フィールドワークを実際にやってみて、辻又は昔から存在する集落で、コミュニティとして確立しているので、ある意味で私たちは部外者でした。部外者に何ができるんだと思われていたかもしれません。学生たちだけがやる気になっても仕方がない、まずは地域の自分たちがその気にならないと、という意識をみなさんに少しでも持ってもらえれば

　　　　良かったのですが、初対面の人とコミュニケーションをとるのが難しく、思いを伝えるのに苦労しました。それでも、家に上げてくれたり、知らないことをたくさん教えてくださって、徐々に打ち解けて本音で話してくれたときはとても嬉しかったです。人と人が理解し合うことは難しいと、身をもって学ぶことができました。

大嶋：　私には、昔からのしきたりや閉鎖的なイメージが強かったので、辻又に行ったときどう思われるか、怖かったです。実際に行ってみて、相手が考えていることや、私たちに期待されていることがわかってきて、辻又のイメージも変わっていったし、集落の人の私たちへのイメージも変化しているという実感がありました。また私たちが発信した情報によって、辻又のイメージを変えることができたのではないか。たとえば小学校で行った講演会や、おにぎり販売などによって、小学生やおにぎりを買ってくれた人たちが持っている限界集落のイメージを少しでも変えられたのではないかということです。

井上：　私も、滞在期間中の最初と最後で、辻又のイメージが大きく変わりました。ここに住んでみるのも悪くないなと思ったのですが、それは先生やみんなと一緒に生活していたからかもしれません。それと、ゲートボールが一緒にできたことは、コミュニケーションとしていちばん効果があったと思います。ただ話をするだけでは相手の中に深く踏み込めないと感じたし、もっと違う形でどんどんコミュニケーションを増やしていくことが大事だと感じました。

森保：　集落というものに対して、最初は暗いイメージを持っていたのですが、実際に現地の方と話してみると、まったく違いました。過去に都市生活も経験された方から、辻又での生活が好きだという話を伺い、そう思えるふるさとがあることに感銘を受けました。

小平：　私は、集落は外部の人を寄せつけないというイメージだったのですが、先輩たちの築いた土台もあってか、みなさんに気さくに接していただいて、「柔らかい」印象になりました。

小林：　「限界集落」と聞くと、今にもなくなってしまいそうで、人もいな

いようなイメージだったのですが、週に何度かゲートボールで集まったり、集落内でお互いに支え合って生活しているのをみて、偏見が払拭されました。

3 今後はどのような活動を行っていくべきだと思いますか。

森本： これまで中心になって活動してきた寺嶋さんと大嶋さんに聞きますが、後輩たちはこれから何をしていくべきだと思いますか。

寺嶋： 頭で考えたり、意見を出したりするのはそう難しくないのですが、実際に実行することが大切です。私と大嶋さんもまずは動いてみるということで、マルシェでおにぎりを販売するときに、協力者の方々と積極的にコンタクトをとりました。

大嶋： 私も同意見です。マルシェのおにぎり販売も、ライスミルクの試作も、すべてが順調に進んでいったというわけではありません。お金の問題や、期待した結果が出るのかなど、協力してくださる方々の利害にも関わってきますが、難しい反面、得られる成果も大きいので、ぜひいろいろ動いてみてほしいです。

森本： そういう協力をとりつける場合、たとえば企業に協力を得ようとするとき、「大学生」が話を持ちかけるのは難しいと感じましたか。「大学の教員」がお願いする場合と、違いがあるでしょうか。

大嶋： 大学生であるほうが、企業の方は心を広く持ち、受け入れてくれるのではないかと感じました。

森本： 逆に、資金などがからむ場合には、「大学生はリスクが高すぎる」と断られることもあるでしょうね。

寺嶋： そういう面では、学生は絶対的に経験が少ないですし、信用してもらうのは難しいかもしれません。だからこそ信頼を得ることが大事だという気がします。

森本： 以上のような先輩たちの助言を受けて、3年生は今後どうしてい

くべきか、どうしたいと思うのか、展望を聞かせてください。
小林： 今はまだ「これをやりたい」というビジョンがないので、それを明確にするのに、これからも辻又に足を運んで、たくさんの人々と話をしたいです。自分たちだけでやることを決めても、辻又のほうから見れば単なる押しつけになってしまうので、ともにこれからの辻又を考えていきたいです。
小平： 今はまだどう行動するかまでは考えてないので、結果ではなく、少しでも辻又の力になれるようなことを実践していきたいと思います。

4 フィールドワークの手法について、やってみてどう思いましたか。

森本： フィールドワークには、現地を歩いて回ることも含まれるし、インタビューなども含まれます。私たちは日中、現地で見聞きしたことを、夜になってブレーンストーミングやKJ法を使って整理し、辻又の魅力や課題を探っていきました。そのような、フィールドワーク全般について、どう感じましたか。
丸山： 普段、何か自分で調べるときは、インターネットを使うことが多いので、フィールドワークで情報を集めることは難しかったですし、集めた情報を整理すること、それを人とどう共有するのか、伝えていくのも難しかったです。でも今回の地域活性化の活動では、有効な手法だとやってみて思いました。
森本： インターネットによる調査との比較は、良い着眼点ですね。ネットから得られる情報には限界があって、実際に現場に行って、自分の目や耳で確かめた「生の情報」でなければわからないことも多いでしょう。
寺嶋： 事前に質問項目を決めずに、会話の流れの中で自然に聞くインフォーマルインタビューが難しかったです。初対面の人に聞きたいことを聞いて、そこから話を広げていくことは技術が要りました。やはりフィールドワークを行ったからこそ、辻又について深く知ることができたと思

います。

野谷： 集落の人のご自宅に伺ったときに、その方がどんな人なのかを判断して、その人に合わせた話し方を考えるのが大変でした。相手によって、会話のトーンとか、喋り方を変えていくのは、とても勉強になりましたし、これからの社会生活でも役に立つと思います。

大嶋： 普段私たちは、座学で学んだりだとか、本やインターネットなど何かしらの媒体を通して情報を得るのが当たり前だと思っていたのですが、フィールドワークを行ってみて、本当はこうなんだとか、媒体を介さずに、自分で直接情報に触れることができました。実際に山に入ってみると、こういう所にはこういう植物が生えているんだとか、耕作放棄地を目の当たりにしてその実情を知ることができたり、そういった面でフィールドワークは、情報を集めて理解する上でも大事な調査なのだと実感しました。

井上： 私は、各戸への訪問がいちばん印象に残っています。質問を考えておいて、今日は絶対に聞かなきゃとか、何か情報を得なければという焦りや使命感に駆られながら話していました。初対面なので、アイスブレイクというか、打ち解けるために、まずは雑談から入っていったのですが、逆に聞くとも思っていなかったことがたくさん聞けて、有効な手段だと思いました。自分とまったく違う環境で暮らしている人の話を直接聞く機会はそうそうないので、貴重な経験でした。

森本： 2015年8月に、リーフみなとみらいで、辻又の米を使用したおにぎりの販売イベントを行いましたね。

寺嶋： そのときは準備や当日の作業よりも、企画がいちばん大変でした。私たちとしては、一日でも早くおにぎりを販売したかったのですが、協力者との意思疎通がうまくいかなくて、本当にイベントが実現するかどうか不安でした。当日は、私たちが運営するFacebookやTwitterの情報を事前に見て来てくださった方もいて、情報発信している意味があるのだと実感することができました。

大嶋： 偶然に通りがかって買っていってくれた方も多くいて、そういう方々

に辻又の宣伝をして、関心を持ってもらっただけでも、販売イベントをやった意味はあると感じました。

5 神奈川産学チャレンジプログラム（ビジネスコンテスト）との違いについて。

森本： この2つは、取り組む期間の長さも違うし、課題の規模も異なります。また対象が「ビジネス」と「地域」という違いもあるのですが、実際に取り組んでみた結果、何を感じましたか。

丸山： いちばんの違いは、チャレンジプログラムの場合は範囲が絞られた課題、たとえば私は「大学生が使いたくなるノートの提案」に取り組んだのですが、辻又の活動の場合は漠然としていて、「大学生の力を活かした」というフレーズですら何かもわからないような状態で、「活性化」という言葉もあいまいでした。

森本： スタートもゴールも明確ではない、ということですね。

丸山： 本当に手探りで進めるしかないという感じでした。

寺嶋： 「評価基準」も明確ではないですね。ビジネスコンテストでは「点数」を付けられて、良い悪いがはっきりするのですが、活性化事業に関しては、誰が評価するわけでもなく、客観的な成否がつかないということがありました。

井上： チャレンジプログラムでは、相手は当然「企業」ですから、「ビジネス」の部分を優先していると感じました。商品を売らなければいけない、利益を出さなければいけないので、原価を考え、コストを考え、というように、「お金」中心に考えなければならなかったのですが、活性化の場合は、「人」が中心になっていて、どうしたら「人」が動いてくれるかが重要で、同じ課題解決でも、判断基準が自分の中でも異なると感じました。チャレンジプログラムでは、顔の見えないお客様を想定しますが、活性化では実際に現地で会った人たちに対して考えることなので、その人たちがどう思うのかとか、思い入れや感情移入してしまったりし

て、やりづらい面もありました。

6 デジタルネイティブ世代にとって、辻又との交流はどういう意味があったのか。

森本： みなさんの世代はデジタルコミュニケーションが日常的だと思いますが、そういった世代の視点から、LINE や Facebook、Twitter などのツールと、辻又で体験したような、ゲートボールや食事をしながらの会話や運動会に参加することの意味やコミュニケーションとしての違いについて何か感じることがありましたか。

丸山： SNS と直接の交流とでは、「間」がいちばんの違いだと思います。SNS では、その場ですぐ反応しなくても問題はありませんが、リアルタイムで直接対面するコミュニケーションは、相手の表情から感情を読みとって話し方や話の内容を臨機応変に変えなければならないし、それによって会話の印象も変わってくるように思います。間合いは、コミュニケーションの重要な要素だし、表情やジェスチャーも重要です。SNS でも、顔文字などの感情表現はありますが、ビジネスシーンではそれは使えないので、相手がどう思ってこのメールを送っているのかだとか、その背後に隠れた意図まで汲み取ることは難しいと思います。意思疎通には、間合いやタイミング、人の表情が重要だと今回の活動を通してわかりました。

福井： 声のトーンも大事です。それによって相手がどう思っているかがわかるので。また、SNS は文字や、テキストベースのコミュニケーションなので、読む人によって解釈やニュアンスが違ってきます。対面のコミュニケーションをとることで、共通認識を築き、意思疎通が図れるのではないでしょうか。

寺嶋： 電子メールだと本心がわからないので、うまくいかなかったでしょう。実際は怒っているのに「大丈夫だよ」とメールを打っていたかもしれません。

大嶋：　SNSだと、情報の発信者と距離が離れてしまうので、真の意図が伝わらず、先ほど福井さんも言ったような「誤解」が生じやすいと思います。伝えたいことをきちんと伝えるには、直接の対面がいちばん良い方法ではないでしょうか。

7　「地域活性化」は必要か、すべきかどうか。

森本：　最後に、いちばん難しい質問をしてみましょう。過疎地の活性化はしたほうが良いのかどうか。当然やるべきだという考えが普通だと思いますが、一方で「撤退」という方法もひとつの選択肢としてあります[1]。たとえば「無居住化集落」という存続の仕方もあるのです。集落はなくさずに住民は移住して、集落に通って農地や墓地をそのまま利用することもできます。

井上：　もともとそこに住んでいる人にとっては、その土地が好きだから住んでいるので、心情的にも無居住化は難しいのかなと思います。何をもって「活性化」とするのか難しいと思いますが、私は活性化はすべきであると思います。

森本：　私たちが泊まった多目的センターは、もともとは小学校だったのですが、少子化で廃校になったそうです。そのときも廃校にするかどうかで、かなりの議論があったと聞きました。学校ひとつ閉鎖するのにも賛否両論あるということは、無居住化となると、もっと激しい議論になるんじゃないでしょうか。

大嶋：　正月やお盆に、帰省先が変わってしまうのは、そこに住んでいた人にストレスを与えてしまうだろうし、暮らしが変化することに耐えられない人もいると思います。ただ活性化するとなると、ある程度の変化は避けられないと思います。たとえば自分が住んでいる地域に、巨大なビルが建って、人が急激に増えるということを望んでいる人は少ないのではないでしょうか。そういう意味で、今の生活を維持できる何かしらの

　　　　対策は必要だとは思いますが、それ以上の活性化は逆効果な気もします。
森本：　高齢になってしまい、誰かのサポートなしでは生活できない、しかも独り暮らし。でも、絶対にここから動かないという状況はどう思いますか。そのままでは、孤独死してしまう可能性もあるとしたら、やはり移住してもらうことになるのでしょうか。
野谷：　そこに住んでいる人たちの気持ちを尊重するしかないのではないでしょうか。今のままか、存続してほしいと思っているのか、住民の気持ち次第だと思います。私たち学生ができることがあるとすれば、きっかけ作りだったり、ちょっとした支援だったり、大学生が関わることで他の人に伝わって、巡り巡って企業などの実行力のある人たちが動いてくれるようになる、という可能性はあると思います。地域の人たちが最初の一歩を踏み出すには、学生の力は有効かもしれません。事業を起こすことは難しいかもしれませんが、心理的な面の効果は大きいと思います。ビジネスライクな接し方ではなく、学生のバイタリティが、諦観していた地域の人たちのやる気を引き出し、希望を与えることもあるのではないでしょうか。それを活性化とするならば、活性化は必要だと私は思います。
福井：　私も卒論テーマが、自分の出身地の活性化だったのですが、実際に地元が活性化したらしたで、嬉しい反面、昔の記憶と異なってしまって寂しくなると思います。やはり人間は変化を恐れるので、何か少し変わっただけでも、自分の思い出がなくなってしまうようで、今のままであってほしいという部分もあります。現状維持と活性化を両立するのは難しいですね。
丸山：　活性化を望むのであれば、近くに住む市議会議員などに訴えることもできるし、もう諦めるのであれば移住を考えれば良いし、活性化するかしないかという判断はやはり地域の人たち次第だと思います。だけど、集落内部のコミュニケーションの活性化は絶対に必要だと思います。人と接することは、あらゆる面でプラスに働くはずなので、絶対にすべきです。その点では、私たち大学生ができることはまさにそれだと思う

ので、活性化に貢献できると考えています。

森本：　確かに集落内部のコミュニケーションは大切ですね。難しいのは、いかに内部での温度差をなくし、合意を形成できるか。無関心な人、諦めている人、危機感を持っていない人、危機であることにすら気づいていない人たちを含め、どう地域をまとめていくか。自分がそこに住んでいると、衰退にも気づかない可能性はありますね。ただ、それを外部の人間が指摘するのも困難な上に、それが正しいかどうか意見が分かれるところだと思います。大学生だけで集落に利潤を生み出すという意味での活性化は、難しいかもしれません。私たちにできることは、みなさんが言っているように、人を動かす、人と人をつなぐことだと思います。今回、代官山ワークスさんやおにぎり弁慶さん、おにぎり協会さんなど多くの支援者の協力を得ることができましたし、そういうマッチングの役割を果たせるのであれば、私たちが継続的に集落を訪問している意味はあるのかもしれません。これからもなおそれを目指して進め、手探りしていきましょう。

一同：　ありがとうございました。

1）たとえば、「撤退の農村計画」(http://tettai.jp/) など。

参考文献

【単行本】

[1] 青木幸弘 (編著) (2011)『価値共創時代のブランド戦略』ミネルヴァ書房
[2] 有坪民雄 (2006)『〈イラスト図解〉コメのすべて』日本実業出版社
[3] 石谷孝佑 (編) (2009)『米の事典―稲作からゲノムまで』幸書房
[4] 一般財団法人地域活性化センター (2013)『平成24年度 地域活性化ガイドブック』
[5] 浦昭二 (監修), 神沼靖子, 内木哲也 (著) (1999)『基礎情報システム論』共立出版
[6] 大久保朱夏 (著), 小島美和子 (監修) (2015)『はじめてのライスミルク』自由国民社
[7] 大西隆, 小田切徳美, 中村良平, 安島博幸, 藤山浩 (2011)『集落再生―「限界集落」のゆくえ』ぎょうせい
[8] 小田切徳美 (編) (2013)『農山村再生に挑む―理論から実践まで』岩波書店
[9] 小田切徳美 (2014)『農山村は消滅しない』岩波書店
[10] 金子勇 (2016)『「地方創生と消滅」の社会学』ミネルヴァ書房
[11] 草野篤子, 柿沼幸雄, 金田利子, 藤原佳典, 間野百子 (編著) (2010)『世代間交流学の創造』あけび書房
[12] 蔵内数太 (1962)『社会学』培風館
[13] 厚生労働省 (編) (2011)『厚生労働白書〈平成23年版〉社会保障の検証と展望』日経印刷
[14] 厚生労働省 (編) (2013)『厚生労働白書〈平成25年版〉若者の意識を探る』日経印刷
[15] 佐藤郁哉 (2002)『組織と経営について知るための実践フィールドワーク入門』有斐閣
[16] 佐藤郁哉 (2006)『フィールドワーク―書を持って街へ出よう』新曜社
[17] 佐藤郁哉 (2002)『フィールドワークの技法―問いを育てる、仮説をきたえる』新曜社
[18] 総務省統計局 (編) (2015)『日本の統計〈2015〉』日本統計協会
[19] 高木修 (監修), 川上善郎 (編著) (2001)『情報行動の社会心理学』北大路書房
[20] 地域デザイン学会 (編), 原田保 (編著) (2013)『地域ブランド戦略総論』芙蓉

書房出版
[21] つじまた記念誌事業実行委員会 (1986)『つじまた』原孔版社
[22] 東京大学社会情報研究所（編）(1996)『情報行動と地域情報システム』東京大学出版会
[23] 西川麦子 (2010)『フィールドワーク探求術―気づきのプロセス、伝えるチカラ』ミネルヴァ書房
[24] 林直樹, 齋藤晋（編著）(2010)『撤退の農村計画』学芸出版社
[25] 丸山清明（監修）(2013)『ゼロから理解する コメの基本：はじめてのコメ作りから品種、農業ビジネスまで』誠文堂新光社
[26] 三輪眞木子 (2013)『情報行動』勉誠出版
[27] 文部科学省（編）(2011)『平成22年度 文部科学白書―東日本大震災への対応／スポーツ立国の実現／教育と職業』佐伯印刷
[28] 八木宏典（監修）(2014)『図解　知識ゼロからのコメ入門』家の光協会
[29] リチャード・S・ワーマン（著）, 金井哲夫（翻訳）(2007)『それは「情報」ではない。―無情報爆発時代を生き抜くためのコミュニケーション・デザイン』エムディエヌコーポレーション

【論文】
[1] 麻生憲一 (2011)「過疎集落の現状と分析 (1)　過疎化進展のプロセスと過疎対策」『奈良県立大学研究季報　地域創造学研究』21巻3号, 147〜156頁, 奈良県立大学
[2] 糸井和佳, 亀井智子, 田髙悦子, 梶井文子, 山本由子, 廣瀬清人, 菊田文夫 (2012)「地域における高齢者と子どもの世代間交流プログラムに関する効果的な介入と効果」『日本地域看護学会誌』15巻1号, 33〜44頁, 日本看護協会出版会
[3] 稲熊利和 (2010)「林業活性化の課題―路網整備と木の徹底的な利用の促進―」『立法と調査』300号, 120〜130頁, 参友会
[4] 日下菜穂子 (2008)「超高齢時代における世代間交流の意義」『同志社女子大学学術研究年報』59巻, 69〜78頁, 同志社女子大学
[5] 是川晴彦 (2013)「安曇野市のデマンド交通システムの実態と考察」『山形大学紀要（社会科学）』43巻2号, 145〜165頁, 山形大学
[6] 坂本結佳, 森本祥一 (2013)「デマンド交通が適さない地域の分析」『経営情報

学会 2013年秋季全国研究発表大会要旨集』，セッション ID: P-6, 経営情報学会　http://doi.org/10.11497/jasmin.2013f.0.127.0

［7］桜井政成 (2007)「地域活性化ボランティア教育の深化と発展：サービス・ラーニングの全学的展開を目指して」『立命館高等教育研究』7号，21～40頁，立命館大学教育開発・支援センター

［8］鈴村源太郎 (2009)「小中学生の体験教育旅行受け入れによる農村地域活性化」『農林水産政策研究』15号，41～59頁，農林水産省農林水産政策研究所

［9］中越利茂 (2003)「四万十川源流の町ゆすはらの FSC 森林認証への取り組み」『環境技術』32巻3号，223～228頁，環境技術学会

［10］林直樹 (2015)「山間地で求められる農村戦略」『農村計画学会誌』34巻1号，51～54頁，農村計画学会

［11］藤岡秀英 (2015)「地域活性化の理論と大学教育を通じた実践」『地域活性学会 第7回研究大会論文集』267～270頁，地域活性学会

［12］古矢眞義 (2011)「最近の国内外のテレワーク事情」『ユニシス技法』109号，83～97頁，日本ユニシス

［13］三浦哲司 (2014)「空き町家の増加にどう対処するか：ならまち町家バンクの取り組みを手がかりに」『同志社政策科学研究』15巻2号，127～140頁，同志社大学

［14］村山陽 (2011)「「世代間交流」学の樹立に向けて」『哲学』125巻，75～104頁，三田哲學會

［15］森本祥一 (2015)「『大学生の力を活かした集落活性化事業』の実践結果と考察」『地域活性学会 第7回研究大会論文集』263～266頁，地域活性学会

［16］若槻健 (2007)「大学と地域社会をつなぐサービス・ラーニング」『甲子園大学紀要』35号，21～28頁，甲子園大学

【参考 URL】

［1］NPO 法人白河ふるさと回帰支援センター「田舎暮らしの楽しみ方」http://furusatokaiki.com/index.php

［2］カール・ベンクス＆アソシエイト「古民家再生」http://www.k-bengs.com/

［3］下呂市役所「下呂市の現状」http://www.city.gero.lg.jp/jichimaru_jpn/content/download/24147/135089/file/zmt09fg2-20.pdf

[4] 下呂市役所「下呂市の人口と世帯数」
http://www.city.gero.lg.jp/departmentTop/node_1047/node_1087/node_27328
[5] 高知県産業振興推進部 移住促進課「移住までの流れ」『高知家で暮らす。』
http://www.pref.kochi.lg.jp/~chiiki/iju/taiken/nagare.shtml
[6] 国土交通省中部運輸局「デマンド型交通の手引き」
https://wwwtb.mlit.go.jp/chubu/tsukuro/joho/demando/pdf/demando.pdf
[7] JA 魚沼みなみ「南魚沼産コシヒカリのご紹介・特徴」
http://www.ja-uonuma.or.jp/tokusan/index.php
[8] 総務省 自治行政局 地域情報政策室「地域文化デジタル化事業」
http://www.soumu.go.jp/denshijiti/pdf/061031_1.pdf
[9] 高橋郁子「彼岸－海の彼方の理想郷－」『歳時記は語る3月』新潟県民俗学会
http://www.geocities.jp/fumimalu/saijiki03.htm
[10] 新潟県「新潟県推計人口（平成27年4月1日現在）」
http://www.pref.niigata.lg.jp/tokei/1356803962755.html
[11] 日経ビジネスオンライン2014年3月6日記事「なぜ過疎の町に若者や起業家が集まるのか」
http://business.nikkeibp.co.jp/article/interview/20140227/260324/
[12] 日本ゲートボール連合「技術構造―個人技術とチーム技術（連携技術）の融合―」
http://gateball.or.jp/wp-content/uploads/2015/12/gijutsu.pdf
[13] 農林水産省「耕作放棄地対策事例集」
http://www.maff.go.jp/j/nousin/tikei/houkiti/pdf/zirei.pdf
[14] 農林水産省「コシヒカリ」
http://www.maff.go.jp/j/seisan/kankyo/hozen_type/h_sehi_kizyun/pdf/suitou13.pdf
[15] FoodsLink「ミョウガ（茗荷/みょうが）：旬の時期と特徴や主な産地」『旬の食材百科』
http://foodslink.jp/syokuzaihyakka/syun/vegitable/myouga.htm
[16] 南魚沼市「南魚沼市の人口・世帯数」
https://www.city.minamiuonuma.niigata.jp/shisei/toukei/1454742347690.html
[17] 有限会社 和食植野屋「薬膳の書」
http://www.shishiclub.co.jp/uenoya/yakuzen_myoga.html

あとがき

　本書では、都会育ちの現代の若者が、一度も訪れたことのなかった中山間地域にある限界集落の活性化を目指して奔走した活動について述べてきました。私たちが活性化に携わるきっかけとなった新潟県の事業は単年度でしたので、当初はここまで活動が継続するとは思いもしませんでした。こうした事業は、期間満了後のフォローアップもないまま、単発に終わることも多いようです。そのようなことを繰り返していては、地域や住民の方は疲弊してしまいます。

　今回活動に参加した学生たちは、当初は学びの場としてとらえていた「辻又」を、フィールドワークによって深く知ったことで、「辻又」の問題が他人事ではなくなり、活性化策の提案だけで終わらせたくない、とにかく自分たちに何かできることはないか、という意識を持つようになりました。それが、本書で述べたいくつかの成果につながったのだと確信しています。

　私たちに与えられた最も大きな使命は、「つながり」を作ることだったと思います。人と人とをつなぐ。東京と地方をつなぐ。若者とお年寄りをつなぐ。都市部と農村部をつなぐ。そのパイプとしての役割を、大学生が果たしたのではないでしょうか。本書を読んで「なんだ、それだけか」と感じられた方もいるかもしれません。大学生は、お金もないし、経験もありません。しかし、ただ傍観しているのではなく、誰かのために何かしようと、とにかくアクションを起こすことが必要です。そういった行動力や可能性が、「大学生の力を活かした」活性化事業に期待されている部分ではないでしょうか。限界集落（高齢化・過疎化）問題は、今は「地方」だけの問題だと思われていますが、近い将来、全国各地のどこにでも起こり得る問題です。傍観者ではいられなくなる時代が、もうすぐそこまで迫ってきています。「自分事」としてとらえることが、まず第一歩なのです。

ただ一方で、学生が起こしたビジネスで、実際に活性化に成功している地域もあります。本書の執筆中に、別件で琉球大学や神戸大学、兵庫県立大学の学生が取り組んでいる地域ビジネス（COC事業）について調査する機会がありました。私たちもライスミルクの商品化を目指して活動を進めてきましたが、日経トレンディで予想されたほどブレイクせず、自分たちのマーケット・リサーチの甘さが露呈したり、試作品の製造まではご協力してくださった工場も実際に商品化となると「自社のライバル商品を作ってしまうことになるので…」と支援を打ち切られてしまったり、予定していたクラウドファンディングによる資金調達も暗礁に乗り上げるなど、ビジネスとして軌道に乗せることの難しさを実感しました。しかし、成功している大学生の活動では実際に収益を生み出し、地域経済の活性化に貢献しています。そういった活動と比較すると、私たちはまだまだ努力が足りないのかもしれません。今年度から、NPO魚沼伝習館さんが採択された環境省の「地域活性化に向けた協働取組の加速化事業」に、メンバーとして加えていただいています。今後は心理面だけでなく、辻又の経済面での活性化にも寄与していきたいと思います。

　私たちがこれまで活動を続けてきたことのひとつの大きな成果として、従来、新潟県の「大学生の力を活かした集落活性化事業」は単年度契約で、集落側も大学側も二度目は応募できない制度だったのですが、2016年度より「2年目・継続」という申請方法が新設されました。2015年度は自費で活動を続けてきましたが、その間、南魚沼市や新潟県庁の方々が気にかけてくださっており、また辻又に関わる方々の訴えもあり、今回の制度変更に至りました。学生が動けば、地域が変わる。それを証明できたのではないでしょうか。
　本文で述べてきたように、私たちはさまざまな企業や団体の力を借り、辻又の活性化に向けて活動してきました。その方々のお力添えがなければ、辻又の情報はここまで広まらなかったでしょうし、活動自体を維持し続けることはできなかったと思います。辻又との出会いのきっかけを作ってくださった新潟県庁の方々、さまざまな情報を提供してくださり、また活動の支援を

してくださった南魚沼市役所の方々、見ず知らずの私たちを温かく迎えてくださり、また本書の執筆に関して多くのご協力をいただいた辻又集落の方々、私たちの活動を取り上げて広く紹介してくださった南魚沼地域復興支援センターの小林卓史様、活動に関して多くの助言をくださった特定非営利活動法人 魚沼伝習館の坂本恭一様、マルシェの情報提供にはじまり、ライスミルクの商品化に向けた企画立案や製造所を探してくださった株式会社 代官山ワークスの丸山孝明様、佐藤絵理香様、マルシェ出店に際して、おにぎりの製造をご担当くださった南太田ドンドン商店街 おにぎり弁慶の村山洋様、マルシェ出店の機会を与えてくださった株式会社 Woo-By.Style の野村美由紀様、辻又のみょうがを使ったレシピ開発やクックパッドへの掲載にご協力くださった一般社団法人 おにぎり協会の中村祐介様、関克紀様、この場を借りて厚く御礼申し上げます。

　また、本書の出版の契機をくださった専修大学当局および出版企画委員会の皆様、本書の編集に尽力してくださった専修大学出版局の笹岡五郎様、相川美紀様、ニュース専修で私たちの活動や今回の出版に関する記事をたびたび取材・掲載して下さった広報課の田村みどり様にも、改めて御礼申し上げます。

　そして、辻又の活性化に対して積極的に取り組まれ、志半ばで亡くなられた水落俊雄様、私たちの事業が採択された際に窓口役として各所に取り次ぎ、滞在場所の生活環境を整備してくださったり、滞在中に助言や差し入れをいただいたりと、本当にお世話になりました。ありがとうございました。ご冥福をお祈り致します。私たちにできる限りのことは、これからも続けていきたいと思います。

　最後になりましたが、本書が出版されるまで、何度も取材や調査、試行錯誤を繰り返して改稿を重ねてきました。本書の企画が通った時点で、初期の活動メンバーはすでに卒業してしまっていて、残った現役生と当時のことを思い出しながら、かつ現在進行形で活動しながら筆を進めてきたため、当初の予定より大分遅れてしまいましたが、なんとか出版までこぎつけることが

できました。編集の過程で、本書の意図を考慮して一部私が加筆修正していますが、基本的にはゼミ生が主体で執筆してきたことを再度強調しておきたいと思います。

　本書が、一人でも多くの方の手元に届き、たくさんの人がアクションを起こして、多くの地域が元気になることを期待して、筆を擱くこととします。

2016年6月

専修大学経営学部准教授　森本 祥一

執筆者紹介 (五十音順)

井上智晶 (いのうえ ちあき)
1993年生まれ。神奈川県出身。
お笑い芸を見ることと、ディズニーとリラックマが好きです。ディズニー作品の中では「美女と野獣」が一番好きで、主人公のベルのように美しく、賢く、いつも冒険を夢見て、物事の本質を見極められるような人間になりたいです。

大嶋杏奈 (おおしま あんな)
1993年生まれ。東京都出身。
好きなことは、カフェ巡りです。吉祥寺や下北沢のカフェで、紅茶やケーキを食べながらゆったりすることにはまっています。モットーは、「少しでも気になったら、とりあえずやってみる」です。今回のプロジェクトでも、実際に行動してみたことで得られたものが多く、自身の成長につながりました。

小平美希 (こだいら みき)
1995年生まれ。長野県出身。
自然に囲まれた土地で育ちました。友人や家族と美味しいごはんを食べる時間が一番幸せです。冬はスノーボードもします。モットーは「笑う門には福きたる」です。日ごろから明るくにこにこしていれば、自然と幸せもやってくると信じており、人と接するときは常に笑顔を心がけています。

小林祐雅 (こばやし ゆうが)
1994年生まれ。長野県出身。
好きなことは、街中散策と音楽鑑賞で、休みの日はどこかの街中へ出かけて行って新しい発見をすることが楽しみになっています。モットーは、物事の善悪をわきまえて行動すること。周りに流されず、自分で悪いと思うことはしないという信念を持って行動するように心がけています。

寺嶋聖佳 (てらしま せいか)
1994年生まれ。神奈川県出身。
好きなことは、アイスを食べることと、いちご狩り。好きな言葉は、冬来たりなば春遠からじ、です。今はたとえ辛く苦しくても、やがて明るく幸せなときがやってくるという意味です。どんなに辛いことがあっても、いつか必ず幸せがやってくると思うと、頑張ろうという気持ちになれるので大切にしています。

野谷あやめ （のたに あやめ）
1993年生まれ。東京都出身。
好きなことは人と話すことです。ずっと小さな喫茶店でアルバイトをしてきて、たくさんのお客様と接する機会がありました。お客様が笑顔になってくれることがとても嬉しいと感じています。今回のきっかけとなったのも、集落の人たちと関わり、笑顔になってもらえたらいいなと思ったからで、これからもたくさんの人と関わっていきたいと思っています。

福井瑞来 （ふくい みずき）
1993年生まれ。岐阜県出身。
好きなことは、女性アイドルのDVD鑑賞です。モットーは、常に感謝を忘れないことです。どんなに身近で親密な人でも、どんなに小さなことでも、何かをしてもらったら、「ありがとう」を言うように心掛けています。「ありがとう」は、心が温かくなる魔法の言葉だと思っているので、これからも感謝の気持ちは大切にしていきたいです。

丸山貴史 （まるやま たかし）
1994年生まれ。東京都出身。
「やらないで後悔するより、やって後悔」という信念のもと、日々行動しています。やりたいことや興味のあることを、まずはチャレンジしてみるという意気込みで、これまでさまざまな経験をしてきました。失敗したことも数多くありましたが、反省を次に活かすことができます。チャレンジすることが、より充実した生活につながっていくと思っています。

森保未果 （もりやす みか）
1995年生まれ。神奈川県出身。
好きなことは、楽器を演奏することです。高校1年生から6年間ジャズバンドに所属して、クラリネットとアルトサックスを演奏しています。休日には、練習や音楽イベントにも参加しています。私のモットーは、こうした音楽活動を通してさまざまな年齢の人との出会いを大切にすることです。

森本祥一 （もりもと しょういち）

1975年生まれ。千葉県出身。

略歴：

　1999年3月　埼玉大学工学部情報システム工学科卒業

　2001年3月　埼玉大学大学院理工学研究科博士前期課程情報システム工学専攻修了。修士（工学）

　2001年4月　日本電気航空宇宙システム株式会社入社

　2003年3月　日本電気航空宇宙システム株式会社退職

　2003年4月　埼玉大学大学院理工学研究科博士後期課程情報数理科学専攻入学

　2006年3月　埼玉大学大学院理工学研究科博士後期課程情報数理科学専攻修了、博士（工学）

　2006年4月〜2009年3月　産業技術大学院大学情報アーキテクチャ専攻助教

　2009年4月〜2011年3月　専修大学経営学部専任講師

　2011年4月　専修大学経営学部准教授、現在に至る

　博士の学位を取得後、首都大学東京が設置した専門職大学院において、主に社会人を対象としたPBL（Project Based Learning）によるICT活用のプロフェッショナル育成を目指した研究・教育を行う。専修大学着任後は、「情報」をキーとした、社会・組織における様々な課題解決についての研究・教育を行っている。

　ITコーディネータ。情報システム学会 理事。地域デザイン学会 ソーシャルコミュニティフォーラム運営委員。

専門分野：

　情報システム学、社会情報学、情報デザイン、地域デザイン

主な著書：

　『コンピュータ概論』、『コンピュータリテラシ』、『グループワークによる情報リテラシ』（以上、共立出版）、『新情報システム学序説』（情報システム学会）

主な論文：

　「地域情報システム再考：文化と経営の視点から－新潟県南魚沼市辻又集落の事例を通じた考察」地域デザイン, No.8掲載予定, 2016.「下呂温泉の魅力向上のための施策についての考察―草津温泉との比較を通じて―」温泉地域研究, No.25, pp.13-24, 2015.「imPress marker: 図書推薦用ブックマーカー〜図書館での本との出会いを演出するデザイン〜」日本色彩学会誌, Vol.38, No.3, pp.268-269, 2014.「The Lure of Online Shopping Sites: An Analysis of Rakuten and Amazon in Japan」The Business Review, Cambridge, Vol.20, No.1, pp.180-187, 2012.「食品流通との対比によるアパレル流通の問題点と解決策の考察」ファッションビジネス学会論文誌, Vol.17, pp.111-117, 2012.

大学生、限界集落へ行く
「情報システム」による南魚沼市辻又活性化プロジェクト

2016年7月28日　第1版第1刷

編　者	専修大学経営学部森本ゼミナール
発行者	笹岡五郎
発行所	専修大学出版局 〒101-0051 東京都千代田区神田神保町3-10-3 （株）専大センチュリー内 電話 03-3263-4230（代）
組　版	右澤康之
印　刷 製　本	加藤文明社

ⓒ Shoichi Morimoto　2016　Printed in Japan
ISBN978-4-88125-308-3